STAN TOLER & LARRY GILBERT

TREINADOR DE LÍDERES

Desenvolvendo equipes ministerais eficazes

Traduzido por Ana Paula Pâni
1ª Edição
CPAD
Rio de Janeiro 2014

Título do original em inglês: *Leader Coach*
Beacon Hill Press of Kansas City, EUA
Primeira edição em inglês: 2013
Tradução: Lena Aranha

Preparação dos originais: Verônica Araujo

Capa: Fábio Longo
Projeto gráfico e editoração: Oséas Maciel

CDD: 253 - Liderança
ISBN: 978-85-263-1122-0

As citações bíblicas foram extraídas da versão Almeida Revista e Corrigida, edição de 1995, da Sociedade Bíblica do Brasil, salvo indicação em contrário.

Para maiores informações sobre livros, revistas, periódicos e os últimos lançamentos da CPAD, visite nosso site: http://www.cpad.com.br.

SAC — Serviço de Atendimento ao Cliente: 0800-021-7373

Casa Publicadora das Assembleias de Deus
Av. Brasil, 34.401, Bangu, Rio de Janeiro – RJ
CEP 21.852-002

1ª edição: Março/2014 Tiragem: 3.000

Agradecimentos

Obrigado a Bonnie Perry, Deloris Leonard, Pat Diamond, Cathy Buchanan, Larry Wilson, Barry Russell, Judi Perry e toda a equipe de Beacon Hill Press de Kansas City.

Sumário

Prefácio

Michael Jordan, grande jogador de basquete, certa vez marcou 63 pontos em um jogo contra a equipe do Orlando Magic, mas, apesar desse feito fenomenal, sua equipe perdeu o jogo. Ele ficou por seis temporadas na NBA, a associação nacional de basquete norte-americano, sem ganhar um campeonato, apesar de sua habilidade para fazer cestas e acrobacias deslumbrantes. Michael Jordan logo descobriu que não era muito satisfatório ser um astro em uma equipe perdedora. Ser o atleta revelação da NBA em 1985 foi maravilhoso, e também foi um grande feito ser o cestinha na liga por sete temporadas seguidas, iniciando essa realização em 1987, mas Michael Jordan ansiava por vencer o campeonato da NBA.

Ele teve de aprender a direcionar suas sensacionais habilidades para ajudar sua equipe vencer, em vez de apenas fazer muitos pontos. Quando começou a se dedicar ao trabalho em equipe — ajudando cada um de seus colegas de equipe a chegar a seu potencial —, os resultados foram surpreendentes. Antes de sua aposentadoria como jogador em 1999, Michael Jordan liderou o Chicago Bulls em seis vitórias dos campeonatos da NBA.

O individualismo ganha troféus, mas o trabalho em equipe ganha campeonatos.

– Pat Riley

Os líderes da igreja precisam aprender essa mesma lição. Em vez de aspirar pelo "estrelado", eles precisam desenvolver as equipes nas igrejas. O conceito de equipe é a estratégia fundamental para o ministério efetivo na igreja local.

O apóstolo Paulo reconheceu que as realizações de seu ministério foram conquistadas com a ajuda de muitas outras pessoas. O amor, o encorajamento, as orações e o apoio financeiro eram indispensáveis para seu sucesso. (Veja 2 Co 1.11; 1 Co 16.17,18; Rm 16.1-6; e Fp 2.17-30.)

Paulo, como Michael Jordan, era tão talentoso que, sem dúvida, ficou tentado a seguir sozinho. O grande apóstolo e o famoso jogador de basquete não estavam na mesma liga — literal nem figurativamente —, mas os dois entenderam que trabalhar juntos com outros era a chave para o maior sucesso possível. Eles sabiam que o caminho para a vitória encontrava-se mais em suas "assistências" — fornecer aos outros oportunidades para realizar seu potencial — que em marcar os próprios pontos. Eles aprenderam a ver a si mesmos não só como jogadores, mas também como treinadores que poderiam trazer à tona os dons e talentos dos companheiros de equipe.

O principal ingrediente no estrelato é o descanso da equipe.

~John Wooden

A Bíblia não enfatiza o ministério solo tanto quanto salienta a importância da equipe no ministério. As páginas estão cheias de histórias de grandes colaborações: Moisés e Arão, Calebe e Josué, Ester e Mardoqueu, Pedro e João, Paulo e Timóteo, Barnabé e Marcos. Até mesmo os Evangelhos são apresentados por uma equipe: Mateus, Marcos, Lucas e João. Jesus, em seu ministério terreno, priorizou o trabalho em equipe com os Doze.

Administradores de igreja com excesso de trabalho podem utilizar de forma eficaz as habilidades de pessoas leigas com dons do Espírito Santo para o ministério. Os pastores podem aprender a dinâmica da filosofia do Ministério de Equipes de Ação que revoluciona as igrejas locais. As pessoas leigas podem chegar a entender seu potencial para liderar suas comunidades para Cristo e para edificar seu reino.

Oro para que consiga realizar as tarefas necessárias por intermédio de pessoas talentosas que entendam sua visão para mudar o mundo.

Descubra as alegrias de trabalhar em equipe para a glória de Deus.

1

Edifique o ministério de equipes de ação

Melhor é serem dois do que um, porque têm
melhor paga do seu trabalho. Porque, se um cair,
o outro levanta o seu companheiro; mas ai do que estiver só;
pois, caindo, não haverá outro que o levante

ECLESIASTES 4.9,10

As igrejas devem ser mais que apenas centro de entretenimento com funcionamento aos domingos de manhã para cristãos mornos. Elas devem ser centros de treinamento onde as pessoas aprendem a ganhar os perdidos para Cristo. Eles devem crescer ao acrescentar almas para o Reino. As estatísticas, no entanto, demonstram que só 20% de nossas igrejas estão crescendo, e menos de 5% delas crescem por causa do aumento de conversões que por transferência. Essa lamentável falta de resultados tangíveis deve nos fazer cair de joelhos, em oração, e depois nos levar a ficar de pé para agir, se for para a igreja cumprir a Grande Comissão que nosso Senhor confiou a nós. A falha em empregar equipes de ministério eficazes poderia ser a maior causa para esses pobres resultados.

Roberta Hestenes, em uma palestra *A atualização do pastor*, no Fuller Theological Seminary, disse o seguinte: "Muitas igrejas são estruturadas para a manutenção e não para fortalecer o ministério em meio ao povo de Deus. Temos de reexaminar nossas estruturas para que o novo possa vir à existência enquanto preservamos os aspectos essenciais de nossa fé".

A maioria dos pastores sabe, no fundo do coração, que não conseguem ganhar os perdidos trabalhando sozinhos. Eles sabem que precisam da participação ativa de toda a igreja. A liderança bem-sucedida da igreja não trata de estrelato; diz respeito à eficácia na edificação da equipe. Pastores dedicados sofreram esgotamento porque jamais aprenderam esse princípio. Eles, ao tentar fazer o trabalho sem a ajuda de outras pessoas, acabam em uma situação muito parecida com a do pedreiro que escreveu a seguinte carta para a seguradora a fim de explicar suas injúrias:

> Caro(a) senhor(a),
>
> Escrevo em resposta a seu pedido por mais informações sobre a observação 11 do formulário do seguro que pede o seguinte: "Causas dos danos", em que completei dizendo: "Tentar fazer o trabalho sozinho". Vocês disseram que precisavam de mais informações, portanto creio que a seguinte explicação será suficiente para encerrarmos o assunto.
>
> Sou pedreiro, e no dia em que me feri estava trabalhando sozinho, fazendo uma mureta de tijolos no topo de um prédio de quatro andares, quando repentinamente percebi que tinha cerca de quinhentos tijolos excedentes. Em vez de carregar os tijolos com minhas mãos, decidi pô-los em um barril e abaixá-los por meio de uma roldana cuja corda fora atada no topo do prédio. Amarrei o fim da corda no solo e subi até o topo do prédio, pus os tijolos no barril e o abaixei pela roldana. Depois, desci e desamarrei a corda, segurando-a com firmeza para garantir que o barril desceria vagarosamente.
>
> Conforme podem notar na observação 6 do formulário do seguro, peso cerca de 65 quilos. Em virtude de meu choque ao ser lançado ao ar com tamanha rapidez, fiquei temporariamente sem ação e me esqueci de soltar a corda. Trombei com o barril entre o segundo e terceiro andar, descendo com muita velocidade. Esse encontro é responsável pelos hematomas e ferimentos na parte superior de meu corpo.
>
> Assim que recuperei minha presença de espírito, segurei firme na corda e procurei alcançar rapidamente a lateral do prédio, e só parei quando minha mão ficou enganchada na roldana. Isso é responsável por meu punho quebrado.
>
> Apesar da dor, continuei pensando com rapidez e continuei segurando firme na corda. Mais ou menos no mesmo tempo, entretanto, o barril de tijolos atingiu o solo e o fundo do barril cedeu. Sem o peso dos tijolos, o barril agora pesava cerca de 22 quilos. Mais uma vez faço referência à observação 6 do formulário e ao meu peso.
>
> Como pode adivinhar, comecei a descer rapidamente. Na altura do segundo andar, trombei com o barril vazio subindo. Isso explica os ferimentos em minhas pernas e na parte inferior do corpo. Continuei minha descida, diminuindo apenas um pouquinho minha velocidade, e aterrissei no monte de tijolos. Felizmente, só torci as costas, e os ferimentos internos foram irrisórios. Sinto dizer que nesse momento perdi minha presença de espírito e soltei a corda. Como pode imaginar, o barril vazio espatifou-se em cima de mim.

Creio que isso responde à sua pergunta. Por favor, perceba que jamais vou querer "fazer esse trabalho sozinho de novo".

Atenciosamente

Esse pedreiro descobriu da forma mais dura o que os líderes da igreja estão aprendendo: tentar fazer o trabalho sozinho pode ser uma tarefa perigosa.

Por que edificar o ministério de equipes de ação

Um determinado número de definições foi oferecido para o conceito de equipe ministerial. Chuck Bowman afirma com frequência o seguinte: "Uma equipe é duas ou mais pessoas com duas coisas em comum: um mesmo objetivo e boa comunicação". Jon Katzenbach e Douglas Smith fornecem mais detalhes quando escrevem: "Uma equipe é um pequeno número de pessoas com habilidades complementares e que está comprometido com um propósito, objetivos de desempenho e abordagem em comum e que se consideram mutuamente responsáveis por eles". R. Daniel Reeves apresenta isso da seguinte forma: "A equipe ministerial é domínio e visão iniciada pelo grupo na qual os membros realizam os planos que eles mesmos conceberam e fizeram parte de sua concepção". Basicamente, a equipe ministerial se refere ao grupo dos líderes da igreja trabalhando juntos com o propósito de edificar o Reino de Deus. Esses ministérios de equipes de ação são vitais para o sucesso da igreja neste novo século.

> *A grande força da igreja é que as pessoas não trabalham para seu sustento — elas trabalham por uma causa.*
>
> — *Peter Drucker*

A chave para a compreensão do valor das Equipes de Ações no Ministério encontra-se no termo "ação". Essas equipes existem para que algo possa ser realizado. Os ministérios de equipes de ação são caracterizados por importantes características.

1. A visão e os valores compartilhados

Cria-se uma poderosa sinergia quando os líderes trabalham juntos para objetivos comuns: "Oh! Quão bom e quão suave *é* que os irmãos vivam em união! [...] porque ali o Senhor ordena a bênção *e* a vida para sempre" (Sl 133.1,3). Todo Ministério de Equipes de Ação precisa compreender plenamente a ordem dada à igreja: "Portanto, ide, ensinai todas as nações, batizando-as em nome do Pai, e do Filho, e do Espírito Santo; ensinando-as a guardar todas as *coisas* que eu vos tenho mandado; e eis que eu estou convosco todos os dias, até à consumação dos séculos. Amém!" (Mt 28.19,20). E toda igreja tem de compreender plenamente que seu objetivo fundamental, conforme ordenado pelo nosso Senhor, não pode ser alcançado sem uma unidade de propósito e sem o esforço de uma equipe ungida. Em outras palavras, a igreja tem de agir unida!

2. Os modelos bíblicos

O ministério é mais bem realizado em harmonia com outros cristãos. A igreja tem de retornar à norma bíblica que tanto caracterizava a igreja do século I: "E, perseverando unânimes todos os dias no templo e partindo o pão em casa, comiam juntos com alegria e singeleza de coração, louvando a Deus e caindo na graça de todo o povo. E todos os dias acrescentava o Senhor à igreja aqueles que se haviam de salvar" (At 2.46,47).

A igreja de Jerusalém — levada pelo rápido crescimento e, portanto, por necessidade — adotou a abordagem de equipe para suprir as crescentes demandas.

> Ora, naqueles dias, crescendo o número dos discípulos, houve uma murmuração dos gregos contra os hebreus, porque as suas viúvas eram desprezadas no ministério cotidiano. E os doze, convocando a multidão dos discípulos, disseram: Não é razoável que nós deixemos a palavra de Deus e sirvamos às mesas. Escolhei, pois, irmãos, dentre vós, sete varões de boa reputação, cheios do Espírito Santo e de sabedoria, aos quais constituamos sobre este importante negócio. Mas nós perseveraremos na oração e no ministério da palavra.
>
> E este parecer contentou a toda a multidão, e elegeram Estêvão, homem cheio de fé e do Espírito Santo, e Filipe, e Prócoro, e Nicanor, e Timão, e Pármenas e Nicolau, prosélito de Antioquia; e os apresentaram ante os apóstolos, e estes, orando, lhes impuseram as mãos. E crescia a palavra de Deus, e em Jerusalém se multiplicava muito o número dos discípulos, e grande parte dos sacerdotes obedecia à fé. E Estêvão, cheio de fé e de poder, fazia prodígios e grandes sinais entre o povo. (At 6.1-8)

Obviamente, a abordagem de equipe capacitou a igreja de Jerusalém a ser mais eficaz do que seria se não atuasse dessa forma. Que possamos ter um resultado similar em nossas igrejas hoje: "E crescia a palavra de Deus, e em Jerusalém se multiplicava muito o número dos discípulos".

3. O aumento de produtividade

Pode-se alcançar mais trabalhando em equipe que individualmente: "Melhor é serem dois do que um, porque têm melhor recompensa do seu trabalho" (Ec 4.9). Dois grandes personagens do Antigo Testamento, Moisés e Arão, exemplificam esse princípio. Moisés, como você bem sabe, tinha o dom para a liderança, mas não era um bom comunicador. Contudo, o que faltava a Moisés na comunicação, Arão tinha em demasia. Eles, como equipe, lideraram o povo de Deus na marcha para a Terra Prometida. Dois eram melhores que um!

O mesmo acontece na igreja. A liderança dedicada deve delegar tarefas fundamentadas em dons individuais com a determinação de realizar um objetivo comum. Há cinco maneiras específicas para que a eficácia ministerial se intensifique com os ministérios de equipes de ação:

- Expandem o poder das informações e das ideias por intermédio das redes de compartilhamento.
- Estabelecem uma comunidade, suprindo, portanto, as necessidades psicológicas e espirituais de estar em contato com outras pessoas.
- Aumentam as oportunidades por intermédio da especialização ao focar os dons espirituais.
- Tornam possível o aprimoramento do aprendizado e favorecem o processo de tomada de decisões.
- Criam sinergia, o que estrutura a expansão das possibilidades e potenciais da interface dos dons e ministérios espirituais.
- Ajudam a igreja a superar o efeito latente e residual das propensões e inclinações individuais.

Não apenas novos programas e comitês

A mudança para o ministério de estruturação de equipes deve ser abordada não como se fosse uma corridinha no final da tarde. Esse não é apenas outro exercício ou programa rotineiro acrescentado à lista das coisas existentes a ser feitas. Antes de tentar essa mudança, devemos primeiro desenvolver o foco, o compromisso e os fundamentos espirituais.

A questão central na mudança para um ministério de equipe é descentralizar a liderança. Embora comitês tradicionais envolvam pessoas fazendo juntas o ministério, eles são formados com frequência pelo recrutamento de algum outro compromisso e, em geral, não demonstram ser eficazes.

Foco na Família, uma pesquisa feita com pastores em 36 denominações revelou que as expectativas irreais do comitê da igreja eram a maior fonte de frustração. Seria possível que todo o desgaste e nervosismo entre os pastores são provenientes de passar longas horas com um comitê que demonstra ter apenas progresso marginal? Mais uma vez, Roberta Hestenes afirma: "Precisamos controlar de forma implacável o número e a qualidade das reuniões em nossa vida se for para evitarmos a 'síndrome do pastor paralisado'. Se nossas reuniões podem se transformar em trabalho eficaz de equipes, veremos Deus renovar, edificar e usar nosso povo de uma forma mais útil e eficaz".

Um comitê especial de dignitários foi designado para se encontrar com o missionário estadista Albert L. Schweitzer em sua visita para os Estados Unidos na década de 1950. Assim que ele chegou, os membros desse notável comitê alinharam-se na plataforma da estação de trem e observaram que o médico parecia estar olhando para a multidão, atrás deles. Para o desapontamento do comitê de boas-vindas, outra pessoa havia chamado a atenção desse homem.

Schweitzer, com um aperto de mão, pediu desculpas e foi até uma senhora idosa na multidão que estava travando uma luta com uma enorme mala. Ele, pegando a mala dessa mulher, passou em meio à multidão, foi para um ponto além de onde estava o comitê de boas-vindas, chegando aos degraus do vagão de passageiros. O Dr. Schweitzer ajudou-a a subir os degraus e a entrar no trem e pôs a mala pesada no bagageiro. Depois, ele voltou para o notável comitê e pediu desculpas por deixá-los esperando. O comitê de boas-vindas tinha uma *preocupação*, mas o Dr. Schweitzer tinha uma *causa*.

Infelizmente, muitos comitês da igreja tem uma preocupação, e não uma causa verdadeiramente bíblica. Muito pouco tempo é dedicado para avançar o Reino por intermédio da introdução de uma visão, de um planejamento estratégico ou do evangelismo e discipulado. De fato, à medida que a igreja se torna maior, fica cada vez mais difícil se tornar proativo nessas áreas vitais do ministério. Por quê? O pastor e outras pessoas assalariadas com frequência acabam por se envolver apenas com a facilitação de programas tradicionais.

Ademais, as igrejas operando sob o sistema de comitê em geral crescem só até o ponto que o nível de energia do pastor sênior alcança. Quando o pastor fica sem fôlego, a igreja perde todo *momentum* que foi estruturado, e isso em geral resulta em desencorajamento e baixa disposição de ânimo na igreja. Os ministérios de equipes de ação, no entanto, são muito mais eficazes.

Robert B. Maddux, em seu livro *Team Building: An Exercise in Leadership* [Formando equipes: um exercício de liderança], faz a distinção entre grupos e equipes. Enquanto equipes são caracterizadas por membros que reconhecem sua independência e objetivo comuns, os grupos em geral não passam de um número determinado de pessoas trabalhando independentemente, embora trabalhem lado a lado. Enquanto os membros de uma equipe têm um senso de propriedade, os membros do grupo veem a si mesmos mais como "mãos contratadas", uma vez que não são envolvidos no planejamento dos objetivos do grupo.

Robert Maddux cita um estudo sobre vinte mineiros de carvão. O estudo ilustra o aumento da produtividade que resulta em ir além do paradigma de grupo para o real trabalho em equipe. Os mineiros de carvão estavam na mesma estrutura geológica, faziam extração na mesma estrutura geológica, pertenciam ao mesmo grupo laboral e sujeitavam-se às mesmas regulamentações governamentais. A produtividade era medida em toneladas de carvão produzidas por cada mineiro em cada turno. A mina mais produtiva produzia 242 toneladas por mineiro, contrastando com a menos produtiva, com 58 toneladas por mineiro.

O estudo concluiu que a diferença básica nas minas era a forma como a administração da empresa lidava com seus funcionários. As minas mais produtivas tinham funcionários com mais responsabilidade individual e envolvimento no estabelecimento dos objetivos e na resolução de problemas.

O estabelecimento de equipes de ministério pode ser difícil, mas as alegrias finais podem sobrepujar as dores. Eis aqui alguns dos benefícios da estruturação de equipes fortes de ministério:

- O aumento do envolvimento de leigos
- A disposição de fazer coisas de uma maneira distinta
- A propriedade da equipe, em vez da propriedade pessoal
- A atmosfera empolgante para ministrar
- A unidade e o entusiasmo
- O foco ministerial claro
- O encorajamento como a norma

O mundo natural dá vários exemplos de liderança compartilhada. Os engenheiros usaram túneis de vento para entender a razão por que os gansos sempre voam em formação em V. Descobriram que cada ganso quando bate as asas cria uma sustentação para a ave que voa ao seu lado na formação. Todo o bando de gansos ganha um alcance 70% maior de voo do que um ganso voando sozinho. O ganso na liderança, de tempos em tempos, abandona a posição de ponta, e outro ganso assume a liderança sem desmanchar a formação. Cada um deles assume a liderança durante um longo voo migratório. Cada um contribui com seus talentos únicos para a eficácia geral do rebanho. Também é preciso salientar que os gansos que não estão na liderança grasnam para encorajar aquele que lidera.

Efésios 4 e o mundo corporativo

Uma crise está ocorrendo na maioria das igrejas locais hoje em dia. A equipe pastoral e as pessoas leigas dedicam longas horas ao ministério, mas veem poucos resultados duradouros. Em Efésios 4.11-13, o apóstolo Paulo descreve a função básica dos líderes. De acordo com o versículo 12, eles equipam os santos para o trabalho do ministério, para a edificação do corpo de Cristo, até que todos nós cheguemos à união da fé e ao conhecimento do Filho de Deus, o homem perfeito, à medida da estatura completa de Cristo.

Os pastores das igrejas em crescimento já descobriram que a tarefa do ministério pastoral é muito grande para que apenas uma pessoa cuide de tudo sozinha. Conforme, Ronald E. Merrill e Henry D. Sedgwick salientaram, "[as igrejas] maiores que um determinado tamanho [com cerca de 150 membros] não podem ser administradas apenas por uma única pessoa; é necessária uma equipe de administração".[1] Embora a maioria dos pastores não recebeu ensinamentos sobre as equipes ministeriais nas universidades ou seminários bíblicos, o aprendizado sobre como formar equipes bem-sucedidas é crucial para a saúde de longo termo das igrejas em crescimento.

Independentemente de quanto trabalho você possa fazer, independentemente de quanto sua personalidade seja envolvente, você não progredirá muito nos negócios se não conseguir trabalhar por intermédio das outras pessoas.

– John Craig

O mundo corporativo modela algumas das melhores formas para essas equipes funcionarem. Muitos líderes corporativos já descobriram a utilidade do trabalho em equipe, sem perceber que isso foi apregoado na Bíblia milhares de anos atrás.

Os líderes da igreja, no entanto, devem ser rápidos em reconhecer a diferença crítica entre as equipes do mercado corporativo e as equipes ministeriais na igreja local. De acordo com R. Daniel Reeves,

> as crenças centrais dos líderes da igreja formam o fundamento para a equipe ministerial: nossas convicções sobre a humildade e o quebrantamento são provenientes de Deus, não da psicologia popular. A oração e o estudo da Palavra de Deus — e não os livros sobre teoria de admi-

nistração — criam a paixão pela equipe ministerial e estimulam nosso desejo para nos submetermos à vontade de Deus. É o Senhor quem é o instigador e o mantenedor dos relacionamentos de uma equipe saudável e funcional.[2]

Estilos de equipe

Enquanto a Bíblia tem sempre de ser nosso fundamento para o modelo de equipe a ser implantado, o mundo corporativo nos ensina algumas lições práticas sobre como as equipes de liderança funcionam. Observe três estilos distintos de equipe do mundo corporativo.

Equipes de funcionários

As empresas que têm equipes de trabalho, além de um tomador de decisão central que estabelece os objetivos e as políticas. Esse indivíduo tem o controle derradeiro, e a equipe trabalha para ele. Duas questões importantes são levantadas na tentativa de usar esse modelo no ambiente da igreja: (1) Você como pastor sênior quer de fato ter tanto controle assim? (2) Será que esse é o tipo de filosofia de liderança e discipulado que você quer estimular? O mundo corporativo e a igreja compartilham algo: a chave para uma equipe de funcionários eficaz é dar a cada membro da equipe um senso de que ele é relevante.

Parcerias pequenas

No modelo corporativo de pequenas parcerias, o líder troca parte de seu controle por propriedade compartilhada. O líder, desse modo, é capaz de desfrutar da assistência dos membros da equipe que têm interesse real no sucesso da organização. Em comparação com os membros da equipe de funcionários, os colegas nesse tipo de organização ficam em geral muitíssimo mais motivados.

Grandes empresas

Nas grandes empresas, as equipes com muitos indivíduos talentosos têm o potencial de realizar grandes coisas — se os indivíduos funcionarem bem como equipe. Equipes de administração com muito poder no mundo corporativo exigem um líder autoconfiante e um senso de equidade compartilhada entre os membros da equipe.

Impedindo o fracasso antes do início

A maioria das empresas ou empreendimentos fracassa nos primeiros cinco anos de existência. A razão por que eles falham é com frequência o resultado da inabilidade do proprietário liderar e administrar. Esse pessoal dos negócios falha ao não administrar os recursos disponíveis para eles. Eles falham em administrar seu tempo e dinheiro e, ainda mais importante, falham na liderança e administração do pessoal que reuniram para ajudá-los a levar adiante seus sonhos e objetivos.

Na outra ponta do espectro, as empresas mais bem-sucedidas jamais realizam os sonhos que o proprietário ou fundador tinha em mente. Mais uma vez, a falta de habilidade para liderar e administrar limita em demasia esses indivíduos empreendedores. O tamanho de cada empresa é regulado pela capacidade de liderança.

Nós, como líderes do ministério, podemos ficar tentados a ignorar os princípios provenientes da administração de empresas. Entretanto, muitos desses princípios são bíblicos e também muito válidos para as igrejas quanto o são em qualquer empresa. A maioria deles concordaria que o tamanho de qualquer igreja também é regulado pela capacidade de liderança de seu pastor. A liderança não é algo que começa no segmento inferior do espectro e cresce de forma regular até chegar ao ponto máximo. A liderança desenvolve-se em platôs. Para os homens de negócios (ou pastores) expandirem sua capacidade de liderança, eles precisam crescer em cada um desses platôs.

Os platôs de liderança

Platô 1: O proprietário/operador

O primeiro platô da liderança nas empresas é o *proprietário/operador*. Esse indivíduo entra no mundo dos empreendimentos sozinho e faz tudo que precisa ser feito. Ele é dono da empresa e a opera — faz o produto, realiza todas as funções, varre o chão, lava o banheiro, faz tudo que precisa ser feito. O proprietário/operador é em geral um empreendedor — uma pessoa disposta a sair do limbo e assumir todos os riscos necessários.

Na igreja, o primeiro platô da liderança pode ser chamado de plantador de igrejas. Aqueles que plantam igrejas começam uma igreja ou simplesmente assumem uma igreja menor e fazem exatamente a mesma coisa que um proprietário/operador no mundo dos negócios. Essa pessoa toma conta dos “negócios” da igreja: prepara e prega os sermões, serve como superintendente da Escola Dominical e ensina na Escola Dominical. Em suma, exatamente como o proprietário/operador da empresa, a pessoa que planta igrejas faz tudo que tem de ser feito na igreja. E, nesse estágio da partida, isso pode ser razoável. O plantador de igrejas pode ser o único qualificado para fazer a tarefa, e a tarefa precisa ser feita. Entretanto, o papel solo nessa tarefa não deve continuar indefinidamente.

Platô 2: O proprietário

O segundo platô, o *proprietário*, tem o mesmo efeito para o indivíduo do mundo de negócios quanto o pastor líder. Os dois percebem que já não podem mais fazer tudo sozinhos. Como sabem disso? É muito simples: o cônjuge está ameaçando abandoná-los! O tempo é consumido pelos negócios ou pela igreja. Já não têm mais tempo para a família ou quaisquer outras atividades. Descobrem que não conseguem trabalhar 28 horas por dia e logo chegam à conclusão que, se a empresa (ou ministério) tiver de prosperar, terão de ter uma equipe. Tem de delegar algumas dessas tarefas para as outras pessoas.

Contudo, muitos do mundo dos negócios — em vez de pular de fato para o platô 2 e se transformarem em administradores — caem equivocadamente na *armadilha do fundador* e se transformam em proprietários. (O termo *proprietário* é tipicamente associado aos negócios menores.) Os proprietários decidem contratar pessoas para ajudá-los. O proprietário cai na armadilha do fundador porque não aprendeu a formar uma equipe. Quando o proprietário contrata ajudantes, estes não são nada além disso: ajudantes. O chefe ainda dirige o caminhão; o ajudante segue com ele para lhe entregar as ferramentas. O chefe ainda faz todo o trabalho burocrático; o ajudante "auxilia" com as funções clericais. O que o proprietário não faz é utilizar os pontos fortes do ajudante. Este recebe a incumbência de desempenhar apenas as tarefas desagradáveis, como limpar o banheiro, repor o estoque ou apenas "ajudar" nas tarefas.

Se a pessoa de negócios não aprender a desenvolver uma equipe e apenas continuar com o mesmo tipo de relacionamento com um, dois ou três ajudantes, o crescimento da empresa é obstruído porque ela ainda revolve em torno da função do proprietário. Em essência, o proprietário transforma-se no fator que limita o tamanho da empresa.

No ministério na igreja, os pastores também caem na armadilha do fundador e se transformam naquilo que chamamos de servos Efésios 4. Em vez de se tornarem líderes de seu povo, o papel deles se limita a ser servo de seu povo. Mais uma vez, tudo revolve em torno do pastor, e este se transforma no fator que limita o tamanho de sua igreja.

O passo ou platô seguinte para o indivíduo de negócios que não cai na armadilha do fundador deve ser o de se transformar em administrador. Os administradores contratam uma equipe para trabalhar com eles. Equipam e lideram sua equipe para levar adiante o propósito da organização.

Na igreja, o platô seguinte para o pastor é se transformar em um pastor Efésios 4, aquele que lidera, alimenta e equipa as pessoas. Em

Efésios 4.11,12, há menção a alguns dons, incluindo o de pastor mestre: "E ele mesmo deu uns para apóstolos, e outros para profetas, e outros para evangelistas, e outros para pastores e doutores, querendo o aperfeiçoamento dos santos, para a obra do ministério, para edificação do corpo de Cristo". O pastor foi dado para que equipasse os santos para o trabalho do ministério. Isso quer dizer que o pastor está treinando os santos — edificando uma equipe de membros para o trabalho do ministério — para que o corpo de Cristo possa ser edificado. Em outras palavras, o pastor (treinador) equipa a equipe para que os membros possam fazer o trabalho do ministério.

Em vez de contratar o pessoal como o homem de negócios, o pastor Efésios 4 busca tirar proveito da força de trabalho já disponível — as pessoas leigas — uma equipe de cristãos com dons dados por Deus. O pastor (treinador) os treina para que eles utilizem esses dons. Isso provê tudo que a força de trabalho precisa. Quando o pastor já não mais consegue liderar sozinho a equipe — e só nesse momento — um pessoal adicional deve ser contratado.

Os pastores Efésios 4 são administradores ou mordomos dos dons, talentos ou habilidades daqueles que foram confiados a seus cuidados. Um verdadeiro pastor Efésios 4 diz: "Não estou aqui para fazer sozinho o trabalho do ministério. Estou aqui para equipar meu povo, edificá-lo, treiná-lo e educá-lo de forma que sejam capacitados para o ministério". A tarefa do pastor Efésios 4 é dupla: (1) desenvolver os dons espirituais de sua equipe e (2) prover áreas de serviço nas quais essas pessoas possam exercitar seus dons.

À medida que a igreja cresce, é necessária mais ajuda. Os pastores, a fim de evitar contratar prematuramente seu pessoal, devem primeiro conseguir ajuda em sua congregação. Se eles contratarem mais pessoal antes disso, acabam por enviar sua igreja na direção errada e por treinar seu pessoal para fazer exatamente o que eles estão fazendo — o trabalho do ministério, em vez de envolver os leigos nessa tarefa. Na melhor das hipóteses, acabam por construir uma igreja de espectadores.

Mesmo quando o pastor aprende a treinar as pessoas leigas para o ministério, a equipe pode se formar quando o pastor Efésios 4 já não consegue mais treinar e cuidar sozinho de todas as pessoas leigas envolvidas. Esse pastor precisa, por fim, se transformar em um pastor com múltiplas funções, trabalhando primeiro com as pessoas leigas e treinando-as para ministrar. Depois, quando o pessoal contratado for acrescentado, eles devem seguir na mesma direção. O pessoal contratado continuará o que o pastor começou — treinar e liderar os leigos para que façam o trabalho do ministério.

Platô 3: O executivo

Nos negócios, o platô seguinte é o do estágio do *executivo*. Basicamente, fazer a tarefa executiva, assim como a tarefa do gerente é gerenciar. O executivo estuda, analisa, dá direção e motiva, gerenciando a equipe ao gerenciar os gerentes. Os gerentes, por sua vez, gerenciam a força de trabalho.

No que diz respeito à igreja, o platô 3 envolve o pastor com múltiplas funções delegando responsabilidade para a equipe pastoral. Essa equipe supervisiona a equipe da igreja — os leigos. Quando o pastor diz: "Equipe pastoral, eis o que vocês precisam fazer", ele quer ver essa tarefa feita. Os pastores devem delegar por intermédio dos leigos antes que deleguem pela equipe pastoral e devem treinar sua equipe pastoral para fazer o mesmo. Dessa forma, as pessoas leigas passam a ser uma extensão do ministério da equipe pastoral.

Chegando ao platô seguinte

Os pastores precisam crescer em um platô para chegar ao seguinte. Não podem passar de forma bem-sucedida do estágio de plantadores de igreja para o estágio de equipe pastoral múltipla. O treinamento é a única maneira de se tornar um verdadeiro pastor Efésios 4. Os pastores treinam em uma equipe ministerial, e os membros aprendem quais são seus dons e entendem em que área se ajustam no ministério da igreja. Os pastores treinadores também compreendem que o exercitar de seus dons faz parte de um esforço em equipe com o resto do Corpo de Cristo, capacitando uma liberação dinâmica do ministério tanto na igreja quanto para um mundo perdido.

Para algumas pessoas, a edificação dessas equipes parece uma tarefa enorme e assustadora que funciona só para aqueles pastores que já são bem-sucedidos. Esse não precisa ser o caso. A edificação pode ocorrer — e deve ocorrer — com qualquer pastor, independentemente da localização ou tamanho da congregação. Entretanto, o primeiro passo na estruturação da equipe é fazer com que o pastor comece a conceber seu papel como o de um treinador que dirige um grupo de equipes especiais, e não como um servo que tenta suprir todas as necessidades da congregação. O pastor, mesmo antes de as equipes serem criadas, tem de ter um conceito claro do que significa funcionar como pastor treinador.

Em uma série para a televisão que apresentei por muitos anos, *Leadership Today* [Liderança hoje], meu convidado Dale Galloway salientou que as equipes formadas por leigos poderiam facilmente realizar a maioria das funções que atualmente ocupam o cronograma dos pastores.

Dale Galloway disse: “Dez atividades ministeriais com frequência preenchem o dia de um pastor paroquial”. Veja a lista abaixo e marque apenas aquelas atividades que os leigos não podem compartilhar com o pastor.

- Orar pela congregação
- Cuidar dos doentes
- Discipular outros cristãos
- Treinar líderes do ministério
- Estudar e ensinar a Bíblia
- Falar de Jesus para as outras pessoas
- Representar a igreja nos eventos comunitários
- Visitar os recém-chegados à igreja
- Fazer algumas tarefas burocráticas ou organizacionais para o escritório da igreja
- Encorajar as pessoas que atravessam momentos difíceis

Se os pastores verdadeiramente compartilharem o ministério fundamentados nos dons ungidos pelo Espírito do ministério de equipes de leigos, não acho que encontraríamos alguma coisa que não eles pudessem fazer no ministério! A história da Igreja ensina que sempre que o clero se transforma em uma elite de “doadores” para a congregação que ele serve, esta acaba estagnando e morrendo.

Para rever um pouco da história da Igreja, por volta de 300 d.C. a Igreja estava crescendo de forma tão rápida que, de forma concebível, o mundo todo poderia ter se convertido nos duzentos anos seguintes. Constantino, o imperador romano, cometeu um engano quase fatal. Decretou que todos do Império Romano já eram “cristãos”. As pessoas que não conheciam de fato a Cristo não podiam apresentá-lo para outras pessoas. Uma elite do clero e leigos pagãos puseram o cristianismo em compasso de espera. Inversamente, quando cristãos leigos que viviam em Cristo se reuniam uns com os outros — e com o clero — em uma equipe ministerial relevante, a Igreja vicejou.

Talvez você devesse pendurar esse verso muito útil em seu escritório como um lembrete dos frutos que colhemos por intermédio do ministério de equipe:

Juntos,
Todos
Alcançam
Mais Missão

A Igreja do futuro aumentará o reino de Jesus Cristo ao multiplicar o cuidado por intermédio do ministério compartilhado com cuidadores pastorais leigos.

– Carl George

Definindo a visão do trabalho em equipe

A edificação de uma equipe não é algo que acontece automaticamente. O pastor precisa ter uma visão clara disso. Considere estes quatro objetivos para a equipe ministerial na igreja local:

- Organizar a equipe para identificar e cumprir a Grande Comissão
- Fortalecer a equipe para alcançar a comunidade para Cristo
- Comunicar as realizações do ministério para a congregação
- Relacionar-se uns com os outros de uma forma que agrade a Deus

Estamos à beira de uma monumental mudança na forma como fazemos igreja, quer estejamos prontos para isso quer não. Essa reforma é absolutamente necessária se for para a igreja ministrar com eficácia para a época atual. Melvin Steinbron, depois de observar as mudanças no papel do ministério leigo ao longo de quatro décadas, conclui: "Na primeira reforma, a igreja deu a Bíblia para o povo. Na segunda reforma, a igreja deu o ministério para o povo". Elton Trueblood, escritor pioneiro sobre a necessidade do membro leigo no ministério, escreveu em termos ainda mais veementes: "Se a igreja padrão levasse repentinamente a sério a noção de que todo membro leigo — homem ou mulher — é realmente um ministro de Cristo, poderíamos ter algo similar a uma revolução em pouquíssimo tempo".

Geração	**Alcançada para Cristo**
Veteranos (nascidos antes de 1946)	65%
Baby Boomers (nascidos entre 1946 e 1964)	35%
Geração X (nascidos entre 1964 e 1977)	15%
Geração Y (nascidos entre 1977 e 1994)	4%

Uma grande porcentagem dos cristãos, 81%, aceitou Cristo antes de completar vinte anos, e os mais jovens da geração Y ou Bridgers já são mais velhos que isso. Esse fato indica que sem mudanças drásticas, temos muito pouca chance de alcançar para Cristo muitos das duas gerações mais novas.

O assunto referente à mudança foi tratado no boletim da The McIntosh Church Growth Network [Rede McIntosh para o Crescimento da Igreja]: "Mudanças insignificantes são pequenas mudanças sem a correspondente mudança na percepção da realidade. As mudanças relevantes ocorrem quando as pessoas desenvolvem uma nova perspectiva e agem de novas maneiras. [...] A mudança transformacional só ocorre por intermédio da modificação radical na crença e na prática".[3]

É tempo da *mudança transformacional*. É tempo para uma nova forma de pensar sobre o ministério da igreja. É tempo de treinar um exército de *treinadores* (pastores Efésios 4) que chamaram seus *jogadores* (as pessoas leigas) para sair da zona de conforto do banco da igreja a fim de abraçarem a zona de coragem do campo e influenciar nosso mundo para Cristo — enquanto ainda há tempo.

Dicas para estruturação da equipe

- Compartilhe a missão, a visão e os valores da equipe na reunião de retiro anual.
- Pergunte aos colegas de ministério o que você pode fazer para ajudá-los a desempenhar melhor o trabalho.
- Reforce positivamente todas as habilidades que forem fortalecidas e desenvolvidas.
- Atualize com frequência os membros da equipe quanto ao progresso do ministério.
- Tente esta atitude: "Grande ideia, vamos tentar pô-la em prática", em vez desta aqui: "Grande ideia, mas não serve para nós".
- Memorize os nomes e interesses dos membros de sua equipe de ministério.
- Forneça os recursos necessários para os membros da equipe.
- Crie um ambiente de aprendizado.
- Tente alcançar um consenso. A maioria dos votos não garante a validade.
- Estabeleça prazos e, depois, meça a habilidade da equipe para cumpri-los.
- Permita que a equipe determine os prazos.
- Cultive um senso de propriedade para a visão com toda a equipe.

2

Desenvolva-se como líder

Ora, o Senhor disse a Abrão: Sai-te da tua terra, e da tua parentela, e da casa de teu pai, para a terra que eu te mostrarei. E far-te-ei uma grande nação, e abençoar-te-ei, e engrandecerei o teu nome, e tu serás uma bênção. E abençoarei os que te abençoarem e amaldiçoarei os que te amaldiçoarem; e em ti serão benditas todas as famílias da terra.

— GÊNESIS 12.1-3

O grande patriarca Abraão não era como Cristovão Colombo em sua jornada para uma terra nova. Ele, quando iniciou a jornada, não sabia para onde estava indo e não sabia onde estava quando lá chegou. Abraão, quando foi chamado para um lugar que receberia mais tarde como sua herança, obedeceu pela fé e partiu, embora não soubesse para onde se dirigia (Hb 11.8). Abraão podia não saber para *onde* estava indo, mas sabia *por que* partia. Deus o chamara. O plano de Deus era agora o propósito de Abraão.

Você, como líder da equipe, pode sentir com frequência o mesmo. Está se dirigindo para um destino que não está muito claro no início. Compreende que a mudança é necessária e precisa imaginar de um modo totalmente novo a forma como vem desempenhando seu ministério. Sente o chamado de Deus para isso — compreende que está em uma jornada espiritual em direção ao servo eficaz. Percebe, como Abraão, que precisa sair primeiro nessa jornada e preencher alguns dos vazios à medida que prossegue em sua caminhada. Terá que desenvolver uma visão, uma equipe e uma nova forma de liderar as pessoas. E o mais importante a ser desenvolvido é sua própria pessoa. Tem de se tornar um líder capaz de liderar de uma nova maneira. Isso exigirá desenvolvimento em três contextos vitais: *liderança espiritual, liderança pessoal* e *liderança interpessoal.* Este capítulo explorará algumas das importantes qualidades de um líder de equipe.

Dê-nos uma clara visão para que possamos saber onde nos posicionar e o que defender, pois, a menos que tenhamos algo a defender, morreremos por qualquer coisa.

– Peter Marshall

A liderança espiritual: consagração

Você, como líder do ministério, respondeu ao chamado de Deus para sua vida. Embora estejamos mais ocupados que nunca, muitos de nós, às vezes, vivemos de forma um tanto sem objetivo — apesar de nossas intenções serem nobres. No trabalho, desejamos ser o profissional perfeito. Em casa, buscamos ser o suprassumo do cônjuge e de pais. Na igreja, somos cristãos devotos. Apesar de nosso envolvimento, parece com frequência que há algo faltando em nossa vida: não temos poder.

Uma vida consagrada é uma vida devotada a um único propósito. Ela se estrutura sobre o plano de Deus, independentemente das consequências. O que podemos esperar dessa vida consagrada? Qual é o resultado de consagrar nossa vida a Cristo, fazer com que sua vontade seja nosso principal objetivo? Em uma palavra, *poder*.

Foco

Aquele poder de consagração levanta-se de um foco mais intenso. Quando você compreende o panorama total, fica mais fácil pôr as pequenas coisas no lugar. Uma vida consagrada põe seu foco no serviço a Deus. Isso torna cada decisão — das escolhas vocacionais às decisões morais — algo muito mais fácil de ser feito. A consagração traz o poder do foco.

Resistência

Aquele poder que produz maior resistência. Não existe causa mais nobre que a de Cristo — não existe razão mais válida que perseverar apesar da dor ou perseguição. Quando sua vida for derramada aos pés do Mestre, quando a cruz de Cristo for posta firmemente sobre os seus ombros, você terá a força necessária para enfrentar a vida mesmo em seus piores momentos. Os insultos são mais fáceis de suportar, os sacrifícios são mais fáceis de fazer.

Vitória

Aquele poder traz alguma vitória. Às vezes esse termo pode ser tão obsoleto como um carro modelo Edsel, mas a "vitória" é ainda o maior incentivo do cristão. Paulo afirma por escrito essa promessa: "E graças a Deus, que sempre nos faz triunfar em Cristo e, por meio de nós, manifesta em todo lugar o cheiro do seu conhecimento" (2 Co 2.14). A pessoa consagrada é um soldado vitorioso para Cristo — mesmo antes de a batalha começar. Quer a luta seja contra a tentação em nossa vida quer seja contra as forças espirituais das trevas no mundo, o cristão com um único foco é capaz de perseverar. A consagração traz vitória.

As Escrituras confirmam isso. O escritor de Hebreus menciona outros cristãos do "*hall* da fama" que se consagraram a Deus, aqueles que puseram sua vida no altar da devoção e permitiram que ela fosse oferecida em holocausto, e outros que se devotaram irremediavelmente a Deus. Qual foi o resultado na vida deles? Apenas leia.

> E que mais direi? Faltar-me-ia o tempo contando de Gideão, e de Baraque, e de Sansão, e de Jefté, e de Davi, e de Samuel, e dos profetas, os quais, pela fé, venceram reinos, praticaram a justiça, alcançaram promessas, fecharam as bocas dos leões. (Hb 11.32,33)

E há um nome que não consta dessa lista: o seu. Pela fé, você também pode se tornar uma dessas pessoas de quem o mundo não era digno. Pela fé, você também pode ser consumido pela paixão por Deus que consome qualquer pensamento e qualquer motivo que não sejam focados na vontade do Senhor. Pela fé, você pode resistir a qualquer dificuldade, alcançar qualquer vitória. Pela fé, você pode prevalecer. Esse é o poder de uma vida consagrada, o primeiro requisito para uma liderança espiritual.

A liderança espiritual: santidade

Você se lembra da primeira vez que ouviu sua própria voz gravada? Provavelmente reagiu como muitas outras pessoas: "Essa é mesmo minha voz?" Ou já viu alguma fotografia sua, dizendo: "Essa foto não se parece comigo!"

Isaías teve uma luta similar com uma visão e um som.

> No ano em que morreu o rei Uzias, eu vi ao Senhor assentado sobre um alto e sublime trono; e o seu séquito enchia o templo. Os serafins estavam acima dele; cada um tinha seis asas: com duas

cobriam o rosto, e com duas cobriam os pés, e com duas voavam. E clamavam uns para os outros, dizendo: Santo, Santo, Santo *é* o SENHOR dos Exércitos; toda a terra *está* cheia da sua glória. E os umbrais das portas se moveram com a voz do que clamava, e a casa se encheu de fumaça. Então, disse eu: ai de mim, que vou perecendo! Porque eu *sou* um homem de lábios impuros e habito no meio de um povo de impuros lábios; e os meus olhos viram o rei, o SENHOR dos Exércitos! (Is 6.1-5)

Isaías viu a santidade de Deus e ouviu a reação dos anjos adorando diante de sua presença. A seguir, olhou para si mesmo e disse: "Não se parece comigo. Não soa como minha voz".

Já vi alguns camaradas tentarem falsificar a santidade de Deus, mas isso é algo muitíssimo difícil de ser feito. Em geral, eles acabam com a aparência triste e sem alegria — como se tivessem se batizado em fluído para embalsamar. Que reflexo nada apropriado da santidade de Deus! E como estão em descompasso com os serafins que cantam em torno do trono do Senhor!

Preferiria estar rodeado por pessoas genuínas. C. S. Lewis, em *Cartas a uma senhora americana,* disse o seguinte: "As pessoas que pensam que a santidade é tediosa não conhecem muito a respeito do assunto. Ela é irresistível". Isaías forneceu-nos um vislumbre de alguém genuíno sentado no trono, alto e exaltado.

O profeta, sentindo-se totalmente fora de lugar na presença de Deus, expressa um anseio agonizante para refletir o que Deus realmente é — santo. Mas a que se assemelha a santidade?

Temos um problema aqui. Somos como a aluna da Escola Dominical a quem pediram para que desenhasse uma gravura da Bíblia: "O que é isso?", perguntou a professora depois de ver a "obra-prima".

"Isso é Deus", respondeu prontamente a aluna.

A professora, preocupada, comentou: "Querida, ninguém sabe a que Deus se assemelha!"

E a aluna perplexa replicou: "Bem, se não sabemos a que Ele se assemelha, como podemos ser parecidas com Ele?"

Fico feliz por Deus ter resolvido esse problema ao nos dar um vislumbre de si mesmo em sua Palavra — o tanto quanto podemos suportar deste lado da eternidade. "Porque as suas coisas invisíveis, desde a criação do mundo, tanto o seu eterno poder como a sua divindade, se entendem e claramente se veem pelas coisas que estão criadas, para que eles fiquem inescusáveis" (Rm 1.20).

No Antigo Testamento, Ele é visto na majestade assombrosa e inacessível do trono, na sarça ardente ou na arca da aliança. Mais tarde, no Novo Testamento, Ele é visto na vulnerabilidade redentora do berço na manjedoura, na cruz do executor ou no sepulcro emprestado. A santidade caracteriza Deus. E essa santidade precisa ser refletida em seu povo. "[...] porquanto escrito está: Sede santos, porque eu sou santo" (1 Pe 1.16).

Isso, de início, parece implausível. Refletir a glória de Deus? Por causa de quem Ele é, o Senhor jamais poderia ser como nós. No entanto, também por causa de quem Ele é, o Senhor nos convida a ser como Ele — o máximo que conseguirmos enquanto vivermos nas fronteiras e confusões do planeta Terra. O impossível se torna possível por intermédio da provisão de seu Filho, Jesus Cristo, e do poder de seu Espírito Santo. Wesley disse que o Espírito Santo é "a causa imediata da santidade".

Portanto, como devemos refletir a santidade de Deus?

A grande ilusão da liderança é achar que o homem pode ser tirado do deserto por alguém que jamais esteve lá.

– Henri J. M. Nouwen

Fuja do pecado

Primeiro, a santidade de Deus é refletida no ódio incondicional ao pecado. Lemos em Provérbios 6.16-19 o seguinte: "Estas seis coisas aborrece o SENHOR, e a sétima a sua alma abomina: olhos altivos, e língua mentirosa, e mãos que derramam sangue inocente, e coração que maquina pensamentos viciosos, e pés que se apressam a correr para o mal, e testemunha falsa que profere mentiras, e o que semeia contendas entre irmãos". Refletir a santidade de Deus significa rejeitar o pecado: "Qualquer que permanece nele não peca; qualquer que peca não o viu nem o conheceu" (1 Jo 3.6).

Ame as pessoas

Segundo, a santidade de Deus é refletida no amor incondicional por seu povo: "Vede quão grande caridade nos tem concedido o Pai: que fôssemos chamados filhos de Deus. Por isso, o mundo não nos conhece, porque não conhece a ele" (1 Jo 3.1). O coração de Deus olha para os doadores, e não para suas ações e atitudes. Ele não pode aceitar o pecado, mas envolve o pecador arrependido em seus braços de aceitação e perdão.

Quando era menino e frequentava os acampamentos, lembro-me daqueles momentos em que, após um culto eletrizante, nós nos sentávamos em torno da fogueira para um momento de louvor e reflexão. Um a um, à medida que os jovens chegavam à beira da fogueira, o círculo ficava cada vez maior. Alguns dos que se juntavam ao círculo não eram necessariamente as pessoas mais santas em sua disposição ou conduta (pelo menos, antes do culto). Contudo, a presença de Deus, o calor da fogueira e o brilho em nosso coração abriam espaço para eles no círculo.

Refletir a santidade de Deus significa que chega de círculos fechados. Isso não quer dizer aprovação sem restrições ao pecado — em qualquer forma que ele se apresente. Entretanto, quer dizer ter um coração que busca a inclusão, em vez de a exclusão. Jonathan Edwards, em sua mensagem *"The Way to Holiness"* ["O caminho da santidade"], declara: "A santidade é doce e encantadoramente adorável".

Doar para os outros

Terceiro, a santidade de Deus está refletida no sacrifício incondicional para o bem-estar dos outros. A passagem de João 3.16 foi escarnecida por fãs do futebol e por comediantes *stand-up*. Todavia, ela jamais pode ser substituída, pois é a palavra definitiva sobre o compromisso de Deus com sua criação. "Porque Deus amou o mundo de tal maneira que deu o seu Filho unigênito, para que todo aquele que nele crê não pereça, mas tenha a vida eterna." Ele amou, doou e pagou o preço supremo por cada um de nós.

Refletir a santidade de Deus quer dizer deixar de lado o "eu" e o egoísmo para a redenção de outras pessoas. De acordo com o apóstolo Paulo, isso é visto tanto em casa quanto nas estradas. Efésios 5.25 admoesta-nos: "Vós, maridos, amai vossa mulher, como também Cristo amou a igreja e a si mesmo se entregou por ela". Chuck Colson disse: "A santidade é a tarefa cotidiana de todo cristão".

Apesar de não sermos "pequenos deuses", conforme afirmam algumas religiões, podemos ter um pouco de Deus em nosso íntimo. "Mas vós sois dele, em Jesus Cristo, o qual para nós foi feito por Deus sabedoria, e justiça, e santificação, e redenção" (1 Co 1.30).

Um teólogo escocês do século XIX escreveu certa vez: "A santidade consiste em pensar como Deus pensa e desejar o que Deus deseja". O que é isso? Refletir a santidade de Deus! Esse é seu papel como líder espiritual.

Liderança espiritual: oração

Todo mundo depende de um líder para as respostas. Para onde vamos a seguir? Qual é nosso objetivo? Deveríamos seguir adiante ou esperar? É o líder que deve tomar decisões, algumas vezes escolhendo o melhor benefício entre duas opções — ou o mal menor. No entanto, onde o líder busca ajuda? Os líderes eficazes já aprenderam esse segredo: não estão sozinhos. Quando forçados a tomar uma séria decisão, buscam o conselho de alguém maior que eles mesmos. Buscam a orientação de Deus.

Ore por perspectiva

A competência, a habilidade e a inteligência são atributos importantes da liderança. Contudo, há um atributo ainda maior: a fé. Os verdadeiros grandes líderes acreditam em alguém maior que si mesmos e expressam essa crença de forma constante em momentos de reflexão e devoção. Os líderes, ao passar tempo a sós com Deus, ganham perspectiva. São lembrados de tudo que realmente importa — e o que não importa.

Ore por sabedoria

Salomão, o homem mais sábio da Bíblia, teve uma oportunidade incrível. Deus lhe disse que poderia pedir qualquer coisa que ele a receberia. Salomão pediu sabedoria. Como resultado disso, ele se transformou no maior rei da história de sua nação. Os grandes líderes oram não apenas por necessidades específicas, como um pessoal melhor, mais recursos financeiros ou mais recursos em geral. Oram por algo mais fundamental — a sabedoria para fazer a escolha apropriada. Oram para que a vontade de Deus os tornem pessoas com percepções, discernimento e integridade.

Ore por orientação

Até mesmo os líderes mais competentes pedem conselhos. Os grandes líderes apresentam seus questionamentos a Deus, pedindo-lhe percepção. Consultam o Planejador Mestre antes de anunciar uma nova política ou estratégia. Buscam a direção de Deus para decisões específicas e para os principais objetivos.

Ore por força

Quando se trata de enfrentar a adversidade, há dois tipos de líderes: aqueles que seguem sozinhos e os bem-sucedidos. Para os grandes líderes, a oração não é a saída, mas o caminhar ao longo do trajeto. A força extraída da comunicação com Deus sustenta-os para atravessar os momentos de adversidade. A oração é uma parte vital de seu sistema de apoio espiritual.

Abraham Lincoln disse: "Fui muitas vezes levado a ficar de joelhos pela convicção assoladora de que não tinha nem um lugar mais para ir. Minha própria sabedoria, e a daqueles ao meu redor, parecia insuficiente para o dia". O que era verdade para Abraham Lincoln tem de ser verdade para todos nós.

Lembre-se que você, como líder, não está sozinho. Faça uso da arma mais poderosa no arsenal do líder: *a oração.*

A liderança pessoal: o aprendizado ao longo de toda a vida

Manter uma vida espiritual vibrante é um foco fundamental para o autodesenvolvimento de líderes. A vida e o crescimento pessoais também são importantes. Se for para você desenvolver a si mesmo para se tornar líder de uma equipe, precisa desenvolver-se como pessoa. Uma forma de fazer isso é devotando a si mesmo ao hábito do aprendizado ao longo de toda vida. Determine que continuará a crescer e aprimorar-se enquanto viver.

Um fazendeiro pôs esse cartaz na cerca do pasto: "Invasores são bem-vindos. Apenas certifique-se que consegue atravessar o pasto em 9,9 segundo — o touro consegue fazer o percurso em 10 segundos!"

Nesta era de informações rápidas e efêmeras, é fácil ficar para trás. Os líderes ficam à frente desses touros bravios ficando alertas e mantendo-se informados.

Os bons líderes não tentam ser especialistas em todas as áreas. Sabem o que conhecem e o que não conhecem. Compreendem as limitações de sua sabedoria e experiência e preenchem as lacunas fazendo perguntas, buscando conselho e aprendendo com os outros.

As pessoas que não pedem conselho cometem erros desnecessários. Os líderes não ficam acanhados em pedir conselho nem são caprichosos a ponto de não aceitá-los. Cultivam conselheiros. Trabalham no desenvolvimento de uma rede de associados que pode lhe prover módulos de habilidade e experiência. Eis aqui alguns lugares em que os líderes excepcionais buscam conselho.

É difícil se lembrar de que você foi até o pântano para drená-lo quando tem jacarés até a altura dos ombros.

– Ronald Reagan

Em casa

Os melhores líderes são sensíveis às habilidades e à experiência de seus próprios associados. Buscam as informações na equipe e fazem perguntas. Sabem que não é nenhuma vergonha ser ignorante, mas que é um crime ser negligente. Pedem, sem hesitar, informações para aqueles que conhecem melhor o assunto.

Na mídia

Os líderes são leitores. Aprendem como extrair o filé de um artigo ou notícia e deixar os ossos para trás. Estão bem informados quanto às notícias e leem os jornais. Há sempre um livro no criado-mudo e leem vorazmente blogues e *sites* com notícias.

Em workshops, ou oficinas

As oportunidades de educação contínua sobejam em praticamente qualquer campo de atuação, e os melhores líderes se matriculam nesses cursos, mantendo-se atualizados em seu ramo de negócios ou profissão. Sabem que o preço do registro para uma boa oportunidade de aprendizado será mais que recompensado com o aumento das vendas, o aprimoramento na eficiência ou no influxo de boas ideias. Eles buscam aprender e levam outros com eles.

Na escola

A educação é um investimento, e os líderes depositam dinheiro no banco do aprendizado. Arranjam tempo para completar ou continuar a educação formal. Programas de estudo *online*, de fim de semana ou em programas tradicionais, mas arranjam uma forma de conseguir o diploma e as qualificações necessárias.

Como líder, existem lacunas em seu conhecimento? Em quais áreas poderia utilizar o conselho, as informações ou mais habilidades? O que fará para conseguir isso?

A liderança pessoal: as prioridades

Os líderes tomam dezenas de decisões todos os dias. Na verdade, antes de você sair de sua casa, provavelmente já fez várias escolhas. Cereais ou ovos mexidos, roupa casual ou terno e gravata, será que tenho tempo para mais uma xícara ou devo sair de imediato?

Entretanto, as escolhas mais importantes que você faz não dizem respeito às escolhas pessoais — elas têm que ver com a importância. As coisas que você decide fazer influenciam diretamente seu fluxo de energia ao longo do dia todo.

Eis aqui quatro perguntas que o ajudarão a avaliar a importância de qualquer oportunidade.

Essa ação honra a Deus?

A ação escolhida mantém sua integridade assim que for tensionada para passar pelo filtro de sua fé? Se não for uma prioridade do Reino, ela tem o potencial de drenar sua energia, em vez de fortalecê-la. Elmer Towns, meu mentor e amigo, disse-me certa vez: "A grandeza envolve mais que uma conquista mensurável; ela começa com o coração do líder, e não com a cabeça. Enraíza-se nas virtudes como o autossacrifício, o amor, a coragem, a lealdade, a prestação de contas, a humildade, o sentido, a missão, a paixão e o compromisso. Essas são qualidades do Reino, e suas decisões têm de ter uma dinâmica".

Essa ação tem uma dimensão eterna?

A ação proposta resulta meramente em acumular na terra ou é um investimento na eternidade? As ações centradas no temporal drenam nossa energia. A ação proposta aumentará seu estoque de coisas terrenas ou acrescentará algo em sua conta no céu?

Essa ação acrescentará qualidade ou meramente quantidade?

Marta e Maria, aquelas joias não reclamadas da época de Jesus, tiveram de enfrentar exatamente essa questão (Lc 10.38-42). Maria era muito celestial, e Marta muito terrena. Onde está o equilíbrio? Essa é a pergunta importante. Assim que você alcança a vida adulta, as tarefas do dia a dia em geral representam uma escolha. No entanto, continue a acrescentar tarefas, e o resultado é menos escolhas. As tarefas começam a dominar sua vida, e logo você esgota sua reserva de energia.

Como essa ação afetará minha vida familiar?

A família é uma instituição dada por Deus, mas isso não quer dizer que estamos encarcerados nela. Os relacionamentos interpessoais com aqueles que mais amamos devem ser alegres, e não tumultuosos. Acrescentar um item em sua lista de afazeres pode não ser bom para a família.

Todos os dias você tem uma retirada de 1.440 minutos. Você não pode se dar ao luxo de desperdiçá-los em qualquer atividade que não acrescente valor à sua vida nem promova os objetivos de sua organização. O fato de você *poder* fazer algo não quer dizer que você *deve* fazer isso. Avalie todas as oportunidades com cuidado.

A coragem é contagiosa. Quando um homem corajoso assume uma posição, a espinha dorsal dos outros se firma.

— *Billy Graham*

A liderança pessoal: a humildade

Um líder que sempre busca o crédito logo passará a fazer um número solo. Nenhuma equipe seguirá um líder egoísta por algum período de tempo. A equipe pode estabelecer o bom sistema de trabalho e desempenhar bem sua função, mas ela, a menos que os membros respeitem o líder, não se destacará.

Os melhores líderes demonstram uma virtude raramente vista — a humildade. Descobrem o real valor em termos de sua habilidade para gerar excelência na equipe, e não o reconhecimento pessoal. Eis aqui alguns instantâneos de um grande líder: um "grande homem" com um ego pequeno.

Orientação para a conquista

Os grandes líderes não se importam com quem recebe o crédito, desde que o trabalho seja feito. As ações ganham precedência sobre os elogios. Os objetivos são mais importantes que o ouro. Os lauréis são incidentes no percurso do comportamento correto. Os grandes líderes não chamam atenção para si mesmos e expressam apreço pelas contribuições dos outros.

Os grandes líderes estão dispostos a pôr a missão à frente de sua agenda pessoal. Descobriram a alegria maior do doar a vida para algo que valha a pena. O propósito, a missão e os objetivos da organização são fundamentais, enquanto a personalidade e as conquistas pessoais do líder são secundárias. Os bons líderes sabem que o que fazem como indivíduos é muito menos importante que o que podem realizar com os outros e por intermédio destes.

Casca grossa

Os grandes líderes são rápidos em perdoar. As pessoas mesquinhas se apegam ao rancor; e as grandes pessoas perdoam e esquecem. As pessoas mesquinhas acalantam insultos e buscam a revanche; as pessoas humildes conseguem fazer com que o passado seja passado. Todos os grandes líderes são grandes pessoas. Ganham o respeito, mas jamais o exigem. Evitam discussões tolas e desenvolvem uma casca grossa, ou seja, não são afeitos a suscetibilidades.

Focando os outros

Os grandes líderes sentem-se gratificados pela conquista dos outros. Todos os bons líderes percebem que, sozinhos, jamais realizarão tudo o que sonham; os outros têm de ajudá-lo a levar adiante sua visão. Portanto, investem, encorajam, treinam e capacitam as outras pessoas para que sejam bem-sucedidas. Os melhores líderes percebem que há muito sucesso para ser distribuído entre todos e ajuda aqueles a sua volta a alcançar as estrelas.

Os grandes líderes dão o crédito quando devido. Sabem que são altamente habilidosos, mas, ainda assim, percebem que seu sucesso depende da contribuição dos outros. Sabem que não existe ninguém "não importante" na organização, pois a contribuição de cada pessoa é relevante. São rápidos em encorajar e pródigos com seus elogios. Os bons líderes sabem como dizer: "Muito bem", e dizem isso com frequência.

Desfrutar de grande sucesso não depende de ter um grande ego. Na verdade, o oposto é quase sempre verdade. Aqueles que se consideram importantíssimos são em geral pouco respeitados pelos outros. Você quer fazer com que seus objetivos avancem? Aprenda a pôr os outros em primeiro lugar.

Você não consegue edificar sua reputação naquilo que ainda fará.

— Henry Ford

A liderança interpessoal: o ouvir

Você, à medida que se desenvolve espiritual e pessoalmente, reconhecerá sua necessidade para se desenvolver em outro contexto vital da liderança: os relacionamentos interpessoais. Não lideramos a nós mesmos nem coisas — lideramos *pessoas*! Portanto, sua eficácia como líder se relaciona diretamente com sua habilidade para se relacionar bem com os outros. Se eles confiam em você e o respeitam, então seu estoque de liderança aumentará. Uma forma básica para ganhar aquela confiança e respeito é desenvolvendo o hábito de ser bom ouvinte.

Eis aqui um bom teste da habilidade de um líder. O líder olha nos olhos da pessoa que está falando com ele? Se esse for o caso, esse líder provavelmente está interessado nas pessoas e é atencioso com elas, preocupando-se com as necessidades dos membros de sua equipe. Se esse não for o caso, o líder provavelmente é muito distraído, não se preocupa com os outros ou, pior ainda, é egoísta. Os bons líderes levam as pessoas a sério. Prestam atenção às palavras, à inflexão ou à entonação da voz e à emoção transmitida pelos outros.

Ouça as ideias

Os líderes ouvem as ideias de seus associados. Podem não agir conforme cada sugestão, mas ouvem com atenção buscando novas metodologias. Os bons líderes compreendem que o conceito que os impulsiona para cima pode muito bem vir de alguém abaixo dele no quadro da organização. Os bons líderes acolhem bem as sugestões dos colegas de equipe.

Ouça as reclamações

Os líderes também ouvem as reclamações. Compreendem que as emoções não ventiladas podem tornar-se, na melhor das hipóteses, opressivas e, na pior delas, explosivas. Os problemas não resolvidos podem muito bem sufocar os esforços da equipe. Os líderes valorizam as opiniões tanto dos companheiros de equipe quanto dos críticos. Compreendem que os clamores e as preocupações dos outros são clamores por atenção pessoal. E ouvem a eles.

Ouça o sentido não expresso

Os líderes ouvem o que não é dito. Percebem que pode haver um problema antes que ele seja levantado por algum membro da equipe como uma reclamação. Os líderes buscam observar a linguagem corporal, a expressão e outros elementos não verbais para apreender o sentido. Um líder, como um mecânico muito bem treinado avaliando a função de um motor, ouve os sons que os outros deixam passar em brancas nuvens.

Ouça os acionistas

Os líderes ouvem os acionistas. Os acionistas são aquelas pessoas a quem a organização serve, independentemente de como são chamados — clientes, membros, doadores ou visitantes. Os bons líderes ouvem seus constituintes para descobrir se suas necessidades estão sendo supridas. Prestam cuidadosa atenção às informações e opiniões daquelas pessoas de fora da organização.

Ouça para o futuro

Os líderes ouvem para o futuro. Em uma noite estrelada, você pode ouvir à distância o trem vindo. O som, de início, é abafado, quase imperceptível. No entanto, o ouvinte cuidadoso pode ouvi-lo. Os líderes ouvem o trem que ainda não chegou. Buscam as tendências que estão logo acima do horizonte; os ouvidos estão sintonizados em mudanças na economia, na cultura e até mesmo na política. Os líderes ouvem a mudança se aproximando muito antes de ela chegar. Aprenda a ouvir e você aprenderá a liderar.

Algumas vezes acho que minha tarefa mais importante como presidente é ouvir as notícias ruins. Se não agir assim que ouvi-las, seu pessoal logo deixará de lhe chamar a atenção para esse tipo de notícia, e esse é o começo do fim.

– Bill Gates

A liderança interpessoal: a afirmação

As pessoas com melhor desempenho na igreja local não se motivam com o salário. São motivadas pelo desejo de alcançar seus objetivos. Os trabalhadores que se preocupam com a excelência têm uma fonte interna de inspiração. Os bons líderes reconhecem aqueles que buscam a excelência e tocam em seus riquezas secretas ao elogiar suas conquistas.

Os bons líderes sempre sabem quais membros da equipe são os que se sobressaem. As pessoas com melhor desempenho em geral são as primeiras da fila e as últimas a sair. São as últimas a reclamar e as primeiras a cooperar. Não se sentem prejudicadas por uma tarefa porque já sacrificaram a conveniência por um bem maior. Essas pessoas realizadoras trabalham principalmente pelo orgulho de saber que fizeram bem seu trabalho. Aprenda a elogiá-las e daí você acabará tocando um reservatório poderosíssimo.

Elogie com frequência

Descubra formas de reconhecer aquelas pessoas que caminham uma milha a mais por sua organização. As restrições de orçamento com frequência impedem o líder de usar o dinheiro como motivação. Contudo, há outras formas de reconhecer os que conquistam muito. Reconheça a contribuição deles nas reuniões da equipe. Envie um *e-mail* dizendo: "Obrigado. Você ajudou a equipe hoje". Busque formas de agradecer por um trabalho bem feito.

É melhor ter uma pessoa trabalhando com você do que ter três pessoas trabalhando para você.

– Dwight D. Eisenhower

Aumente a responsabilidade

Quando os membros da equipe comprovam que estão à altura do desafio, permita que assumam responsabilidades. Dê uma importante tarefa para os jogadores mais proeminentes, e eles corresponderão às expectativas. As pessoas empreendedoras buscam maneiras para aumentar sua contribuição. Uma forma de agradecer pelo que já fizeram é, no futuro, depositar ainda mais confiança nelas.

Escreva

Se tiver um processo de avaliação formal, use-o para recompensar aqueles que se saem bem. Permita que as avaliações anuais revelem o impacto de sua contribuição para a organização. Dê-lhes nota A pelo esforço, e as outras pessoas verão seu valor. Caso se beneficie da contribuição de alguém que não está em sua equipe, envie uma nota positiva para seu chefe. Permita que o líder saiba que vale a pena manter esse jogador na equipe.

Assine o cheque

Se puder, use recompensa em dinheiro. Faça isso para incentivar seus melhores empreendedores. Até mesmo pequenos bônus ou bonificações são relevantes, pois dizem: "Valorizo você!" em alto e bom som. Apenas certifique-se de que o sistema de recompensa é justo e utilizado de forma consciente.

Muito obrigado. Essas são palavras simples e fáceis de usar. Utilize-as com frequência e conseguirá que seus melhores empreendedores trabalhem com muita eficiência.

A liderança interpessoal: a parceria

Por que alguns líderes são bem-sucedidos, enquanto outros falham? Francamente, grande parte do tempo é porque os líderes bem-sucedidos percebem que o sucesso é um esforço de equipe. A liderança e a parceria andam em estreita cooperação. Uma é totalmente dependente da outra. Os líderes eficazes valorizam a parceria e estão sempre prontos a se juntar com alguém que possa contribuir para um objetivo em comum.

Conselho

"Duas cabeças pensam melhor que uma" é um axioma aprendido muito cedo na vida. Qual, portanto, é o estágio seguinte? Quatro cabeças? Oito? Dezesseis? A junção de sabedoria e habilidade abre maior oportunidade para a excelência. A eficiência, em geral, aumenta com a participação.

Comunicação

Os líderes compreendem a importância de uma boa comunicação. Sabem que um objetivo não é nada além de um pedaço de papel até que os membros da equipe o internalizem. O trabalho, sem a interação dos membros entre si, fica desconexo; e a equipe, dividida. Os líderes trabalham para promover a comunicação entre os parceiros internos e os externos. Não permitem que os membros trabalhem de forma isolada.

Cooperação

Os corredores de maratona são atletas rigorosos. No entanto, nem sempre são líderes. A liderança depende da habilidade para fazer parceria com outras pessoas a fim de obter sucesso. Os grandes líderes são capazes de reunir um grupo diverso de pessoas em torno de um propósito comum. Reconhecem que o todo é maior que a soma das partes.

Procuram construir pontes entre as pessoas, criar alianças e promover a cooperação. A liderança é um esporte de equipe.

Comunidade

Os líderes edificam o moral da equipe e criam uma comunidade. Mantêm o humor positivo. Elogiam e louvam os esforços individuais e os da equipe. Reconhecem as realizações fora do comum porque sabem que, ao impulsionar um membro da equipe para que siga adiante, essa atitude servirá para puxar os outros para que conquistem mais. O sucesso é uma parte líder e nove partes parceria.

Crédito

Quando um bom líder recebe o crédito pela eficiência, sempre aceita os elogios em nome dos outros membros da equipe. Elogiar a equipe por seus esforços simplesmente motiva os parceiros a buscar maior eficiência. Os grandes líderes criam uma atmosfera em que os outros possam ser bem-sucedidos. Depois, eles compartilham a celebração da vitória com aqueles que a tornaram possível.

Estenda seu braço e sua mão o máximo que puder. Qual é sua envergadura? Quem sabe 77 centímetros? Talvez 91 centímetros? Agora imagine se der a mão para outro indivíduo, e mais outro e outro ainda. Aumenta seu alcance pelo menos três vezes mais. Esse é o poder da parceria.

Você não pode puxar as pessoas para o pico da montanha se elas não quiserem ir; pode apenas apontar para o topo.

— Amy Carmichael

Deixando um legado duradouro

Um desenvolvimento de um seriado cômico incluía uma afirmação interessante feita pelo personagem principal: "Aprendi sobre a integridade com meu pai. Ele teve cinco esposas, mas jamais deixou de pagar pensão para elas".

Se a integridade do mundo é aprendida com o exemplo de um personagem descuidado, os cristãos são chamados a ter um padrão mais alto. A integridade de um líder cristão fala mais alto que uma apresentação inteligente em PowerPoint, um punhado de brochuras ou um conjunto de cartões de visita. A integridade é algo que não pode ser entregue a você enquanto caminha ao longo do palco para pegar seu diploma. A integridade vem do íntimo. É o resultado de uma fé focada, escolhas piedosas, associações corretas e comprometimento tenaz à verdade.

Quando a integridade está presente na vida de um líder, isso é uma bela coisa. Quando lhe falta integridade, a vida fica uma confusão! A integridade pode ser uma das qualidades menos reconhecidas e admiradas na liderança para o novo milênio, ainda assim é a que deixa o maior legado.

Posteriormente, quando os historiadores pensarem em muitos líderes atuais, terão dificuldade para se lembrar do número de pessoas que se subordinavam a ele e de quantas letras acompanhavam seu nome. O que a história recordará é como o líder se conduzia. O líder será conhecido no futuro principalmente por seu nível de integridade.

Em uma publicação intitulada *The Cross and the Flag* [A cruz e a bandeira], o poder do legado da integridade foi narrado na vida de dois homens. Um deles era Max Jukes que morava no Estado de Nova York. Ele era incrédulo. Tinha 1.029 descendentes conhecidos e dos quais trezentos morreram prematuramente. Dentre os sobreviventes, cem deles foram enviados para a prisão e serviram uma média de treze anos de encarceramento cada; 190 eram prostitutas; cem alcoólicos. Ao longo dos anos, a família de Juke custou 1,2 milhões de dólares ao Estado e praticamente não contribuiu com nada para a sociedade.

O segundo homem, Jonathan Edwards, morava na região da Nova Inglaterra, Estados Unidos, e viveu mais ou menos na mesma época que Max Jukes. Ele cria em Deus e se tornou um proeminente ministro cristão. Tinha 729 descendentes conhecidos. Trezentos se tornaram pregadores; 69 professores de universidade; treze foram presidentes de universidades ou faculdades; sessenta se tornaram escritores; três foram eleitos para o Congresso dos Estados Unidos; e um se tornou vice-presidente dos Estados Unidos.

A integridade não pode ser falsificada; o futuro a trará à luz. A questão mais premente para qualquer líder não é: "Qual é minha visão?"; nem: "Quais são minhas habilidades?" A questão mais vital para qualquer líder é a seguinte: *Qual é meu nível de integridade?* A resposta para essa simples pergunta moldará seu legado para as gerações por vir.

Não vá para onde o caminho possa estar. Ao contrário, vá para onde não há caminho e deixe uma trilha.

— Ralph Waldo Emerson

- Dicas para estruturação da equipe
- Devote todos os dias ao Senhor.
- Elogie com frequência seus colegas de equipe.
- Ore! Ore! Ore!
- Distribua o crédito pelo sucesso; compartilhe a responsabilidade pelo fracasso.
- Gerencie as prioridades, não o tempo.
- Leia por meia hora todos os dias.
- Gaste tempo procurando ficar afiado, ou seja, buscando se aprimorar.
- Afirme de imediato as boas qualidades dos outros.
- Comunique-se com as pessoas constantemente.
- Desenvolva a parceria dentro e fora de sua igreja local.
- Fuja do pecado; busque a retidão e a justiça!

3

Desenvolva as habilidades do treinador

Pois quem é Paulo e quem é Apolo, senão ministros pelos quais crestes, e conforme o que o Senhor deu a cada um? Eu plantei, Apolo regou; mas Deus deu o crescimento. Pelo que nem o que planta é alguma coisa, nem o que rega, mas Deus, que dá o crescimento. Ora, o que planta e o que rega são um; mas cada um receberá o seu galardão, segundo o seu trabalho. Porque nós somos cooperadores de Deus; vós sois lavoura de Deus e edifício de Deus.

— 1 CORÍNTIOS 3.5-9

Bill McCartney, enquanto servia como treinador na Universidade do Colorado, conseguiu que sua equipe de 1991 jogasse muito além de suas habilidades normais. Ouviu que a maioria das pessoas gastavam 86% de seu tempo pensando sobre si mesmas e apenas 14% do tempo sobre as outras pessoas. O treinador estava convencido de que, se os membros de sua equipe parassem de pensar sobre si mesmos e começassem a pensar nos outros, uma fonte de energia totalmente nova ficaria disponível para eles.

McCartney desafiou cada jogador a chamar alguém que amasse e dissesse a essa pessoa que dedicava o jogo a ela. Cada membro da equipe tinha de encorajar a pessoa que convidou para assistir cuidadosamente a cada jogo, porque o jogo era dedicado a ela. McCartney conseguiu distribuir sessenta bolas de futebol, uma para cada jogador a fim de que a enviasse para a pessoa escolhida com o resultado final escrito nessa bola.

A equipe do Colorado Buffaloes, futebol americano, estava jogando contra seu arqui-inimigo, o Nebraska Cornhuskers, no campo do Nebraska. A equipe do Colorado não ganhava um jogo nesse campo havia 23 anos, mas o treinador McCartney desafiou seus jogadores a ir além de si mesmos — a jogar por amor. A equipe do Colorado Buffaloes ganhou a partida, e o resultado final escrito nas sessenta bolas de futebol foi "27 a 12".

Treinamento é o gerenciamento feito olho no olho.

– Dennis C. Kinlaw

O que é necessário para ser um grande treinador?

Por que algumas equipes conseguem resultados muito além dos talentos individuais dos membros da equipe? Isso sempre envolve um magnífico treinador e membros comprometidos com a equipe. Conforme Darrell Royal disse certa vez: "O treinador é a equipe; e a equipe, o treinador. Você reflete um no outro".

Os treinadores bem-sucedidos nem sempre são reconhecidos por suas conquistas. Na realidade, os treinadores mais eficazes parecem ser invisíveis algumas vezes. Conforme Lao-Tsu disse certa vez: "Quando o melhor trabalho do líder é feito, as pessoas dizem: 'Fizemos isso sozinhas'".

John C. Maxwell, de acordo com um amigo da vida toda, "o sucesso como treinador espiritual é diretamente dependente de sua habilidade para influenciar seus líderes". Nesse contexto, Maxwell desenvolveu o Modelo de Treinamento 3-M, e este enfatiza que um líder eficaz desempenha três papéis:

1. Modelo

A maioria de nós aprende cerca de 80% de tudo que sabemos com o que observamos. Portanto, a melhor maneira para transmitir as qualidades necessárias para um trabalho de equipe bem-sucedido é por intermédio da demonstração. Se quiser que os membros de sua equipe sejam dedicados, então você precisa mostrar a eles seu compromisso. Se seja esperado que os membros ponham a equipe em primeiro lugar, então o treinador também tem de fazer sacrifícios. Se quiser que eles cuidem uns dos outros, então você precisa demonstrar seu amor por eles. Não existe substituto para a demonstração do que você espera. Mais uma vez, o apóstolo Paulo escreveu para sua equipe: "Porque vós mesmos sabeis como convém imitar-nos, pois que não nos houvemos desordenadamente entre vós, nem, de graça, comemos o pão de homem algum, mas com trabalho e fadiga, trabalhando noite e dia, para não sermos pesados a nenhum de vós; não porque não tivéssemos autoridade, mas para vos dar em nós mesmos exemplo, para nos imitardes" (2 Ts 3.7-9).

2. Mentor

Os bons treinadores também são mentores de suas equipes. Agregam valor a seu pessoal ao ajudá-los a crescer, ao encorajá-los a ser o melhor possível. Eles, como Barnabé no Novo Testamento, são rápidos em dar uma boa palavra de afirmação. Os treinadores que atuam como mentores dos membros da equipe não os veem como estes de fato são, mas como poderiam ser — edificando os pontos fortes da equipe, ensinando-a como reforçar os pontos fracos. Os mentores são muito mais que conselheiros. Enquanto os conselheiros podem ficar passivamente ao lado dos membros da equipe e dar apenas sua opinião, os mentores caminham com seu pessoal e os acompanham nas partes mais árduas da jornada. Os grandes pastores treinadores não só observam da lateral do campo, mas envolvem-se ativamente no jogo.

3. Motivador

Os treinadores que querem que sua equipe seja bem-sucedida têm de motivar os jogadores. Parkers Robinson afirma: "A motivação é quando seus sonhos vestem a roupa de trabalho". Para um grupo de pessoas se reunir como equipe e alcançar o objetivo comum, ele tem de passar de "grande potencial" para "grande desempenho". Precisam "vestir a roupa de trabalho", e isso requer motivação. Os treinadores têm de inspirar os jogadores com visão, elogiar as contribuições e incentivar os membros da equipe. As pessoas precisam perceber como sua visão se alinha com a visão da equipe. Precisam compreender que uma vitória para a equipe é uma vitória pessoal delas.

A maioria das pessoas responde aos líderes de equipe em quem confiam. O "treinamento" bem-sucedido no ministério é mais que uma questão de compreensão do mecanismo de liderança. Também é preciso habilidade para se relacionar com as pessoas. O presidente Abraham Lincoln tinha uma compreensão clara desse princípio quando disse: "Se quiser ganhar alguém hoje para sua causa, primeiro convença-o de que você é um amigo sincero".

Ademais, o ministério de treinamento jamais fica completo sem o elemento de treinamento. Raras vezes os membros das equipes de nossa igreja vêm a nós totalmente equipados e treinados. Temos de lhes dar os recursos e as ferramentas necessários a fim de ajudá-los a desenvolver os talentos e as habilidades que lhes foram dados por Deus.

Características dos grandes treinadores

Os grandes treinadores têm várias características em comum. Independentemente de sua área de atuação — nos esportes, nos negócios ou no ministério —, os melhores treinadores exibem a maioria, senão todas, das seguintes características:

Autoestima alta

Os grandes treinadores têm alta autoestima. Os treinadores precisam ter confiança em sua habilidade para liderar uma equipe. Parece que todos lutam com a questão da autoestima. No entanto, essas questões podem ser resolvidas quando vemos a nós mesmos como valiosos por causa do amor de Cristo por nós, e não por causa de algo que conseguimos ou não conseguimos fazer. Os treinadores no ministério precisam compreender que Deus tem uma opinião elevada deles. O salmista capturou a essência disso em suas palavras ungidas pelo Espírito: "Pois possuíste o meu interior; entreteceste-me no ventre de minha mãe. Eu te louvarei, porque de um modo terrível e tão maravilhoso fui formado; maravilhosas *são* as tuas obras, e a minha alma o sabe muito bem" (Sl 139.13,14).

Foco no objetivo

Os grandes treinadores são direcionados para o objetivo. Tem um plano de jogo e ensinam a equipe a focar o plano, em vez de o problema. Provavelmente, já viu treinadores profissionais andar de lá para cá na lateral do campo com um pedaço de papel nas mãos, fazendo referência a suas anotações antes e depois de cada jogada. Esse pedaço de papel contém o plano de jogo. Diz para o técnico o que precisa ser feito se for para a equipe obter a vitória. Deus também nos apresenta um plano de jogo: "Não se aparte da tua boca o livro desta Lei; antes, medita nele dia e noite, para que tenhas cuidado de fazer conforme tudo quanto nele está escrito; porque, então, farás prosperar o teu caminho e, então, prudentemente te conduzirás" (Js 1.8). Os treinadores bem-sucedidos no ministério focam Deus e seu plano para a vida deles.

Comunicação

Os grandes treinadores são grandes comunicadores. Podem ter grande conhecimento e experiência no esporte, mas para serem eficazes precisam saber como comunicar esse conhecimento e experiência para a equipe. Jesus Cristo nunca teve problemas para se comunicar com sua equipe. Sabia exatamente quais eram os objetivos de seu ministério — começando em Jerusalém e depois até os confins da terra. Os treinadores no ministério são muito aconselhados a estudar as habilidades de comunicação de Jesus. E esses mesmos treinadores podem se voltar para Jesus como uma fonte de sabedoria para comunicar seu coração com a congregação.

Flexibilidade

Os grandes treinadores são flexíveis. Têm de aprender como fazer mudanças instantâneas. As circunstâncias surgem — como uma lesão em um membro vital da equipe — e exigem que os treinadores transfiram sua confiança para outro jogador para que este acabe a partida. E algumas vezes os planos de jogo precisam ser revistos. Algumas circunstâncias pedem um plano B. Os treinadores bem-sucedidos sabem quando chega o momento em que têm de pedir um novo conjunto de jogadas.

Os treinadores no ministério têm de aprender a fazer a mesma coisa. No ministério, a abordagem do tipo "sempre fizemos desta maneira" em geral leva em direção a uma derrota. Há momentos em que uma nova jogada — e até mesmo um novo jogador — podem resultar em ganho relevante. Os pastores treinadores devem ser bastante flexíveis para aceitar cada cristão como um membro relevante da equipe de Deus e para apreciar a singularidade de cada um de nós, dádiva que nos foi concedida por Ele.

Habilidade relacional

Os grandes treinadores são relacionais. Os treinadores, para serem eficazes, têm de se relacionar bem com os jogadores. Alguns dos melhores treinadores de nossa equipe são grandes amigos dos jogadores. Efésios 4 não só diz como o treinador no ministério tem de transmitir as habilidades ministeriais para a congregação, mas também lhe diz como edificar os relacionamentos com os membros da congregação. "Antes, sede uns para com os outros benignos, misericordiosos, perdoando-vos uns aos outros, como também Deus vos perdoou em Cristo" (Ef 4.32). Os pastores treinadores que incorporam essas diretrizes relacionais em seu ministério descobrem que a congregação pode ficar sequiosa em responder de forma similar.

Atitude aprobativa

Os grandes treinadores são aprobativos. Aprendem a capitalizar os pontos fortes dos jogadores e a mostrar compaixão em relação aos pontos fracos. Os treinadores têm de saber como trabalhar tanto os pontos fortes quanto os pontos fracos da equipe e apoiar cada membro de acordo com essas características.

O pastor treinador sempre apoia sua equipe, independentemente dos pontos fracos e dos pontos fortes que ela apresente. No entanto, esse líder primeiro precisa aprender a permitir que Deus o apoie. É muito fácil ficar tão envolvido com a partida e com o "servir a Deus" que acabamos nos esquecendo que, antes de mais nada, precisamos aprender a nos apoiar nEle. Só quando somos *aprendizes* é que podemos verdadeiramente ser *líderes*, sentindo empatia por aqueles que têm de se apoiar em nós.

Paixão

Os grandes treinadores são apaixonados. Não têm medo de demonstrar emoção. Alguns dos treinadores mais conhecidos no mundo dos esportes são os que demonstram abertamente seus sentimentos — e algumas dessas demonstrações são notórias.

Jesus Cristo mesmo demonstrou uma ampla variedade de emoções apaixonadas — do amor à ira e da tristeza à alegria. Lembre-se que o Cristo que reuniu criancinhas ao seu redor com amor paterno também expulsou os mercadores do templo graças a sua indignação justa e reta. Nossa cultura em geral nos condiciona a esconder nossa paixão, mas os líderes que expressam uma paixão por sua missão com sinceridade semelhante à de Cristo e com temperamento controlado pelo Espírito motivam a congregação.

Motivação

Os grandes treinadores são motivados. Não dependem da equipe para motivá-los. Já são motivados, e as equipes, em razão disso, ficam motivadas.

Ore para que Deus acenda o fogo da motivação em seu coração. Ore para que Deus lhe dê o fardo para acordar os que dormem por intermédio de uma equipe de ministério vibrante. Quando sua congregação sente e vê a motivação, o Espírito Santo usará isso para motivá-la.

Paciência

Os grandes treinadores são pacientes. Os treinadores profissionais têm expectativas mais altas quando se trata de um profissional mais maduro e experiente do que quando lida com um novato. Sabem que parte de seu trabalho é ser paciente com os novatos até que estes se desenvolvam e se transformem em jogadores maduros e experientes.

Quando iniciar qualquer novo empreendimento, é fácil sentir-nos desencorajados se nossas altas expectativas não forem alcançadas de imediato. Altas expectativas são sensacionais, mas uma boa dose de paciência dada pelo Senhor servirá para temperar nossas expectativas e nos dar o equilíbrio que nos ajudará a lutar contra o desencorajamento.

Perdão

Os grandes treinadores são misericordiosos. Não focam os erros de seus jogadores: focam as atitudes corretas e as ações acertadas. Os bons treinadores aprendem a seguir em frente. A partida ruim da semana anterior pode ser a precursora da boa partida da semana seguinte! Cada um de nós precisa aprender a como "seguir em frente".

Permitamos que o perdão de Deus seja um modelo para nosso perdão quando lidamos com os membros da igreja que não querem ver nossa visão e tentam criar dissensão. Antes de você implementar o paradigma do treinador em seu ministério, seria sábio adotar uma atitude de perdão e misericórdia por aqueles que inevitavelmente o incomodam. Faça o que Cristo fez na cruz e escolha "perdoar de antemão" quaisquer futuros encrenqueiros.

As expectativas de alto desempenho são consistentes com as melhores previsões de sucesso com a equipe.

– Clay Carr

Cinco regras essenciais do treinamento

Além disso, lembre-se destas cinco regras essenciais para se tornar um treinador eficaz para os jogadores de sua equipe, conforme apresentadas por Bear Bryant, o lendário treinador de futebol americano da equipe do Alabama.

1. Diga-lhes o que você espera deles. Os membros da equipe de ministério deveriam saber como se ajustam no plano de jogo e o que você espera deles a fim de executar esse plano.

2. Dê-lhes oportunidades para executar a visão. Os membros da equipe devem ter uma chance de fazer parte do "grande panorama" e levar adiante a visão.

3. Permita que saibam como estão se saindo. As opiniões verbais e por escrito fornecem aos membros da equipe a oportunidade para aprender, aprimorar e aumentar sua contribuição.

4. Instrua-os e capacite-os sempre que precisarem. Jamais fique com medo de mentorear a equipe quando se sentem inseguros. Sempre os libere e os capacite para fazer o trabalho depois das sessões de treinamento.

5. Recompense-os de acordo com a contribuição de cada um. Eis aqui um exemplo. Na Trinity Church of the Nazarene, em Oklahoma City, todos os meses um parceiro do ministério é honrado com um relógio com suas iniciais e um Certificado do Prêmio Cinco Estrelas de Excelência na Igreja.

Mantendo a equipe viva

Quando ouvimos sobre a morte de alguém, em geral pressupomos que a causa da morte foi algum problema físico inevitável, como um ataque do coração, derrame cerebral ou câncer. Na realidade, há pelo menos três outras razões adicionais pelas quais as pessoas morrem: (1) ficam sem amigos; (2) ficam sem dinheiro; ou (3) ficam sem propósito. Causas similares de "morte" podem ser vistas no ministério da igreja local. Examinemos essas causas e vejamos como os ministérios de equipes de ação podem ser uma grande forma de restaurar a vida.

Amigos

Como pastor, vejo na igreja local as pessoas desistirem com frequência da vida após a morte do cônjuge ou de um(a) amigo(a) querido(a). Ficam de luto no espírito, e isso corrói a saúde física — e em geral resulta na morte.

Também vi igrejas "ficarem doentes" e "morrerem" quando as pessoas "mudam" para outra igreja porque não se sentiam como se fizessem parte vital da igreja anterior. Os consultores do crescimento da igreja dizem-nos que as pessoas precisam criar laços com outras pessoas se for para continuarem ativas na igreja local. Dizem que um visitante tem de estabelecer uma amizade em que seja conhecido pelo primeiro nome por sete ou oito pessoas ou, caso contrário, essa pessoa não permanece na igreja. Os ministérios de equipes de ação fornecem oportunidades para que as pessoas se conectem. A natureza de pequeno grupo nas equipes do ministério lhes dá a oportunidade de ter amizades e comunhão com as pessoas. As equipes do ministério são mantidas vivas por intermédio de momentos de treinamento formal e momentos de comunhão informal.

Dinheiro

Algumas pessoas têm alguns problemas físicos, como diabetes, que exigem tratamento médico caro. A doença em si mesma pode não ser fatal, mas quando os fundos para os cuidados com a saúde e o tratamento adequado não estão disponíveis, essa doença pode se tornar fatal.

Os ministérios vitais da igreja, da mesma forma, podem receber golpes fatais tanto pela falta de recursos financeiros quanto pelos cuidados inadequados. As igrejas locais precisam ser treinadas quanto à importância de apoiar os novos ministérios com as orações e o encorajamento, bem como com o dinheiro. E os líderes da igreja devem ser desafiados a "caminhar longas distâncias" na alocação de fundos para esses ministérios.

Os ministérios de equipes de ação não devem ser postos nos "aparelhos que os mantêm vivos". Se for para que sejam eficazes, precisam ser adequadamente apoiados. O pastor treinador tem de buscar manter a equipe viva ao ensinar claramente a congregação sobre o valor dessa equipe para que a igreja alcance outras pessoas para Cristo e sair à luta por ela ao alocar fundos para o ministério das equipes.

Propósito

O comediante George Burns tinha um dito muito divertido: "Não posso morrer — tenho reservas no teatro até os 100 anos de idade!" No dia em que ele morreu o jornal *USA Today* anunciou: "E sem outras reservas no teatro, George Burns morreu". Todos nós já ouvimos falar de pessoas que desistiram da vida porque aparentemente não tinham razão para viver. Um fator essencial para manter vivas as equipes no ministério é lembrá-las constantemente de seu propósito. Uma declaração de propósito pública, atualizada e claramente definida para as equipes no ministério representa uma grande ajuda na manutenção de equipes saudáveis.

Igrejas inteiras podem morrer por essas mesmas razões. Se as igrejas não focarem seus propósitos ou se as amizades não forem mantidas e o número de membros diminuir, isso automaticamente resultará em falta de fundos financeiros. Essas são "doenças" mortais que, se não forem corrigidas, levarão ao fim da existência dessa igreja. Entretanto, a falta de membros e a falta de fundos podem normalmente ser corrigidas se a igreja apreender um propósito claro para sua existência. Não há nada mais triste que uma igreja — ou um cristão — que já não tem mais propósito. Talvez essa seja a razão por que a vida média de uma igreja seja de apenas trinta anos. A igreja simplesmente perde sua razão de existir: conhecer a Cristo e ganhar outras pessoas para o Reino de Deus.

O treinamento diz respeito a desempenhar as funções de liderança, do mentorear, da tutelagem e da confrontação.

– Tom Peters

"Hora da conferência"

Uma das razões pela qual as equipes esportivas fazem conferências é para manter o foco. Na realidade, a conferência também tem um propósito muito importante para as equipes do ministério. Além de fornecer o foco, uma conferência também dá à equipe a oportunidade para ouvir, permite que tenham a oportunidade e o tempo para que as mudanças pessoais sejam feitas, fornece uma oportunidade para a mudança do pessoal, apresenta oportunidades para que jogadas sejam criadas e permite que a equipe descanse.

Outro elemento-chave para manter vivos os ministérios de equipes de ação é certificar-se que os membros tenham conferências periódicas.

Qualidades dos excepcionais pastores treinadores

- Conhecem a Cristo
- Aceitam os outros
- São flexíveis
- Gostam de desafios
- São autoconscientes
- Valorizam os talentos dos outros
- São corajosos
- São pessoas que apoiam os outros
- Cumprem os tratos
- Compartilham as informações liberalmente
- São cheios do Espírito Santo
- Ouvem as pessoas
- Promovem os outros
- Compreendem a dinâmica do grupo
- Compreendem o processo de aprimoramento
- Sabem como administrar as reuniões
- Sabem como administrar os projetos
- Fornecem *feedback*, emitindo sua opinião
- Conseguem abrir mão das pautas pessoais

- Resolvem conflitos
- São bons comunicadores

Um senso de parceria motiva os membros da equipe no ministério a trabalhar de forma ainda mais árdua.

– Stan Toler

Parte de um treinador excepcional é a habilidade de compreender a dinâmica da equipe — o que a motiva. Os grandes treinadores — os grandes pastores treinadores — são visionários, porque veem as coisas de forma distinta das demais pessoas. Não são chefes, comandantes nem ditadores. Sabem a que se assemelha a "vitória". Veem as pessoas como companheiras de equipe — pessoas com talentos únicos e um propósito comum, e não apenas como uma coleção de indivíduos. Aprendem o que acende a centelha do entusiasmo de uma equipe. Aprendem como motivar cada indivíduo. Os pastores treinadores excepcionais estão continuamente desenvolvendo as habilidades de treinamento.

Anos atrás em uma pequena cidade voltada para a agricultura e pecuária, um moinho foi posto ao lado de um riacho que descia das montanhas. A parte mais evidente do moinho era a roda que pegava a água do riacho. Dentro do prédio, havia um eixo que ia da roda até a pedra do moinho que moía o grão produzido pelos fazendeiros. A fonte de poder para a pedra do moinho vinha da água do riacho que caía nas lâminas da roda e a faziam girar, o que, por sua vez, fazia girar a pedra do moinho.

Certa manhã o moleiro veio trabalhar depois de uma tempestade. Várias árvores na região haviam caído e deixaram um rastro de escombros por ali. Quando o moleiro verificou o prédio antes de abrir o moinho, descobriu que havia apenas um fio de água jorrando do riacho. Galhos e outros escombros haviam represado o riacho, interrompendo o fluxo da água. Não havia poder suficiente para fazer aquela enorme roda girar. Então, era preciso fazer algo a respeito dessa situação.

O moleiro entrou e, sem a ajuda de ninguém mais, tentou girar a pedra do moinho. Não conseguia girá-la, por mais força que fizesse. Logo percebeu que seu dia de trabalho não poderia ser completado a menos que fosse restaurada a fonte de energia que movia as lâminas da roda. Por fim, fez o mais óbvio. Caminhou riacho acima e limpou todos os escombros e galhos que bloqueavam o riacho. Assim que acabou de limpar a área, a roda se moveu, e os fazendeiros começaram a carregar a farinha e a farinha de milho assim que ficavam prontas.

As rodas do ministério também podem parar. Os pastores às vezes permitem que os "escombros" das tarefas do ministério tradicional bloqueiem a fonte de energia. Um estudo publicado na revista *Pastor's Family* [A família do pastor] revelou que "a média dos pastores trabalham de 50 a 60 horas por semana, e 80% deles sentem que não são financeiramente compensados de forma adequada".[1] Se não formos cuidadosos, o ministério pastoral pode deixar de ser um prazer e se transformar em obrigação se continuar na mesma toada tradicional ano após ano, sem jamais observar algum crescimento na igreja nem novos convertidos e ser tomado pela sensação confortável de manter o *status quo*, ou seja, o estado existente, quando Deus quer limpar todo o escombro acumulado e soprar seu Espírito Santo na igreja de uma forma totalmente nova e maravilhosa.

Para que isso aconteça, algumas mudanças têm de ser feitas. Precisamos permitir que Deus remova os escombros de nosso coração, peça a peça, a fim de termos uma nova sensação de seu poder e visão renovada do que significa para o Senhor "trabalhar com todo seu potencial". Precisamos, como o moleiro, livrar-nos dos escombros que obstruem a fonte de poder e nos leva a produzir apenas uma fração do que Deus tem em mente para nós.

Tornando-se um pastor treinador

Os treinadores em geral são preparados, essa não é uma qualidade inata. Em outras palavras, poucos indivíduos são naturalmente treinadores. As grandes habilidades de treinamento que discutimos até o momento têm de ser aprendidas. Não é fácil fazer a transição de um pastor tradicional para um pastor treinador; o processo de aprendizado parece às vezes doloroso. Os pastores tendem a se acomodar com os padrões de seu ministério tradicional e, com frequência, acham os novos métodos difíceis, em especial quando os membros da igreja ficam desconfiados com as mudanças. A mudança, entretanto, precisa acontecer se for para evangelizarmos nossas comunidades. Permita que as sugestões a seguir sirvam como combustível para o fogo da mudança de um pastor comum para um pastor treinador extraordinário.

Mude sua atitude primeiro

Sua atitude, hábitos e foco precisam mudar para que se alinhem com o paradigma do treinamento. Em termos de atitude, precisa pensar como um *facilitador*, e não como o *executante*. Com relação aos hábitos, precisa mudar do fazer o ministério por si mesmo para o convidar as pessoas a ser parceiras no ministério. Também, com relação ao foco, o crucial é focar o treino da equipe.

O jornal *New York Times* relatou uma mudança na campanha de propaganda de uma famosa empresa de cereal. Nas primeiras propagandas da televisão, o ator retratava um idoso letárgico e comedido acomodado com sua rotina. Quando as vendas começaram a diminuir, sabiam que precisavam de uma nova imagem — e de algumas propagandas novas.

Na série seguinte de propagandas, o ator passou por uma modificação completa. Em vez de retratá-lo em cenários plácidos passeando com o cachorro ou balançando-se na varanda, a propaganda o mostra como um homem ativo e agressivo — andando a cavalo, cavando buracos para postes de lâmpadas e construindo um curral. O foco era a população cada vez mais velha, e a intenção era retratar essas pessoas como a geração que "assume o comando". O aumento nas vendas foi fenomenal.

A mudança na ênfase começou na mente do ator. Ele tinha de transmitir uma atitude totalmente distinta para atuar na propaganda. E acontece o mesmo no ministério. Os pastores que querem efetuar a mudança em suas congregações e alcançar as comunidades de uma forma nova e totalmente empolgante têm primeiro de experimentar em si mesmos essa mudança.

Explique suas mudanças para os outros

Explique para sua igreja por que você mudou. A nova filosofia não deve vir como uma surpresa. Por exemplo, você pode pregar uma série de sermões aos domingos esboçando um fundamento bíblico para a nova filosofia. A congregação tem de ser ensinada que a mudança é necessária se for para sua igreja ganhar almas de forma constante e regular.

É preciso alguns métodos novos para alcançar uma nova geração. As coisas mudam, mas a mensagem nunca pode mudar. Contudo, os métodos para ensinar essa mensagem são sujeitas à reestruturação "para servir a era atual", conforme Charles Wesley nos relembra em seu hino.

Uma palavra de cautela: uma colher de chá de açúcar ainda ajuda a engolir o remédio. Novos métodos, para o bem-estar de seu povo, precisam ser entrelaçados com a afirmação, o amor e o compromisso antiquados. Enfiar goela abaixo os novos ministérios não resulta em igrejas saudáveis.

Compartilhe o modelo de Atos dos Apóstolos 6. Nessa passagem muitíssimo conhecida, os discípulos estavam tão consumidos com as tarefas temporais que foram forçados a abandonar as espirituais.

> Ora, naqueles dias, crescendo o número dos discípulos, houve uma murmuração dos gregos contra os hebreus, porque as suas viú-

> vas eram desprezadas no ministério cotidiano. E os doze, convocando a multidão dos discípulos, disseram: Não é razoável que nós deixemos a palavra de Deus e sirvamos às mesas. Escolhei, pois, irmãos, dentre vós, sete varões de boa reputação, cheios do Espírito Santo e de sabedoria, aos quais constituamos sobre este importante negócio. Mas nós perseveraremos na oração e no ministério da palavra. E este parecer contentou a toda a multidão, e elegeram Estêvão, homem cheio de fé e do Espírito Santo, e Filipe, e Prócoro, e Nicanor, e Timão, e Pármenas e Nicolau, prosélito de Antioquia; e os apresentaram ante os apóstolos, e estes, orando, lhes impuseram as mãos.E crescia a palavra de Deus, e em Jerusalém se multiplicava muito o número dos discípulos, e grande parte dos sacerdotes obedecia à fé. (At 6.1-7)

Quando os discípulos já não conseguiam mais focar seu ministério por causa das tarefas mundanas que tentavam desempenhar sem a ajuda da congregação, fizeram uma mudança no ministério. E perceba que escolheram os membros de uma equipe!

Quando você compartilhar Atos dos Apóstolos 6 com sua congregação, talvez queira lembrá-los do lema da corporação McDonald's: "Conseguimos realizar mais juntos do que poderíamos sozinhos".

Defina a missão

Isso quer dizer determinar e articular questões como: *Quem somos nós? O que somos nós? Para onde estamos indo?* Conforme o autor Stephen Covey afirma: "A declaração da missão une a congregação".

Paul Lee Tan, em sua *Encyclopedia of 15,000 illustrations* [Enciclopédia com 1.500 ilustrações] conta sobre um experimento pelo Conselho de Segurança de Minnesota em que dois motoristas viajavam pela mesma estrada de 1.781 quilômetros em veículos similares, mas a velocidade era distinta. O motorista "rápido" passou dois mil carros, brecou 1.339 vezes e percorreu a distância em vinte horas e doze minutos. O motorista "lento" seguiu com o trânsito, passou treze carros e brecou 652 vezes. Ele fez o percurso em vinte horas e 43 minutos — apenas 31 minutos a mais que o motorista rápido. O motorista rápido gastou 38 litros de combustível a mais que o outro, e provavelmente a pulsação aumentou por causa da tensão causada pelos riscos enfrentados.

Sem uma missão clara, os líderes da igreja podem se comportar exatamente como o motorista "rápido". Gastam muito esforço, percorrem o mesmo território, mas acabam com uma congregação sem fôlego — e tensa. Inversamente, os líderes de igreja que guiam seus membros com “planos de viagem” deliberados (missão) chegam ao destino com o senso de propósito unificado e de realização.

Torne-se um plantador de visão

Depois de muita oração, copie e transmita a visão anual da estratégia para o crescimento. Compartilhe suas necessidades de auxílio provenientes da congregação e do pessoal da equipe pastoral.

J. Winston Pearce, em seu livro *Planning Your Preaching* [Planejando sua pregação] discute o “diagrama que dá direção para seu sonho”.[2] Seu conselho para o estabelecimento dos objetivos inclui os seguintes aspectos:

1. Estabeleça objetivos de curto e de longo prazo.
2. Crie objetivos tangíveis e imateriais.
3. Aprenda a reconhecer os obstáculos e depois se livre deles ao contorná-los ou resolvê-los.
4. Use a iniciativa, a imaginação e a inventividade.
5. Determine em que ponto se encontra no momento em relação aos seus objetivos e meça seu progresso de forma regular.
6. Estabeleça datas realistas e razoáveis para alcançar seus objetivos.
7. Retrate em sua mente as recompensas que você terá quando alcançar seus objetivos.

Esse é um diagrama que também pode ser utilizado no estabelecimento dos objetivos do ministério. O plantar uma visão é crucial para a saúde da igreja local. As congregações são fortalecidas ao saber que seu líder tem uma clara direção para seu futuro.

Envolva outras pessoas no ministério

É muito fácil cair na estrutura mental do cavaleiro solitário. Alguns pastores veem a igreja como se fosse propriedade sua e acham que, se for para algum trabalho ser feito da forma correta, eles mesmos precisam fazê-lo ou supervisioná-lo bem de perto. A verdade é que a congregação do pastor já existia antes de ele lá chegar e, muito provavelmente, continuará existindo depois de ele sair. O pastor treinador vê claramente que ele está ali por causa da congregação e que isso significa enfatizar o que a congregação é por intermédio da participação ativa dos leigos.

Esclareça continuamente a jornada

Que pai não passa a melhor parte de uma viagem de férias respondendo ao questionamento das crianças: “Já chegamos?” Os jovens passageiros querem saber se o pai e a mãe estão no curso correto. Também querem de fato dizer: "O quanto já percorremos?", e: "Quanto tempo mais precisamos para chegar lá?" Esse período de perguntas e respostas é importante para o senso de bem-estar das crianças.

E o mesmo acontece com as equipes de ministério na igreja. Elas se sentem recompensadas quando sabem que o líder está na rota correta. Os membros da equipe têm de receber instruções claras sobre os objetivos e as expectativas com os quais todos os membros da equipe estão comprometidos.

Simplifique, simplifique, simplifique

Conforme Robert Kreitner com frequência afirma, "as organizações devem simplificar tudo de forma que uma criança de oito anos de idade consiga entender como operam". Vince Lombardi, o lendário treinador da equipe de futebol americano Green Bay Packer, compreendeu bem esse princípio do sucesso. Certa vez, Vince Lombardi fez uma palestra em uma convenção para treinadores na qual vários outros palestrantes apenas descreveram seus esquemas elaborados de defesa e de ataque. Quando perguntaram a Vince Lombardi qual era sua estratégia, ele respondeu: "Só tenho duas estratégias. Minha estratégia ofensiva é simples: quando temos a bola, temos o objetivo de derrubar a outra equipe! Minha estratégia de defesa é semelhante: quando a outra equipe tem a bola, nosso objetivo é derrubar todos eles!"

Tudo, desde o material de treinamento às tarefas do ministério, deve ser transmitido com termos simples.

Mudanças na vida dos treinadores em desenvolvimento

Tornar-se um pastor treinador, conforme já afirmamos anteriormente, é um processo que exige treinamento, desenvolvimento e mudança contínuos. O desenvolvimento de habilidades de treinamento exigem tempo e algumas lutas. Há cinco lições particularmente cruciais para que os pastores aprendam nos primeiros estágios de seu desenvolvimento de treinamento.

Lição 1: perceber que não existem pastores perfeitos

Gosto da história do pastor que foi a uma loja de conveniência comprar jornal. Ele o pegou e o levou ao caixa, onde descobriu que se esquecera de trazer dinheiro — nem mesmo três reais, o preço do jornal.

Embaraçado, explicou a situação para o atendente: "Não tenho os três reais aqui comigo. Acho que a única coisa que posso fazer é convidá-lo para minha igreja e pregar um sermão de três reais para você. No entanto, acho que não tenho sermões de três reais".

O atendente respondeu com um sorriso: "Não se preocupe, pregador. Irei duas vezes!"

Só encontraremos um pastor perfeito no céu. A conclusão é que somos humanos, e os seres humanos cometem erros. Às vezes, sentimos como se fosse melhor esquecer essa "ideia de mudança". Mas não se desespere! Esses sentimentos fazem parte do processo de crescimento. Independentemente dos erros que possamos cometer, há ainda almas próximas de nossa igreja que não conhecem o Senhor, e essas almas precisam de nosso ministério — por mais imperfeito que às vezes seja ele. Deus usa as pessoas dispostas a arriscar novos métodos para alcançar outros para Cristo.

Lição 2: admita o fato de que o trabalho do pastor não tem fim

Alguns camaradas do mundo secular completam suas tarefas. Casos são encerrados. A terra comprada. As partidas vencidas. Prédios construídos. Mas o trabalho do pastor não tem fim. Há sempre algo a mais a ser feito: mais almas perdidas para ganhar para Cristo, mais casamentos para salvar, mais sermões para pregar, mais lições para ensinar, mais tarefas administrativas para supervisionar, mais líderes para treinar.

Certa vez alguém disse o seguinte: "Grandes obras-primas são criadas por pessoas que estão sem fôlego". Nosso tempo na terra é brevíssimo. Seguimos aquEle que disse: " Convém que eu faça as obras daquele que me enviou, enquanto é dia; a noite vem, quando ninguém pode trabalhar" (Jo 9.4).

Isso mesmo, existirão dias longos. E é claro que vamos querer nos sentar ao lado do poço, como Jesus fez. Contudo, pegamos nossa cruz sabendo que a jornada seria por vezes difícil. Nosso trabalho na terra jamais tem fim.

Lição 3: foque em seus dons

Tudo corre melhor quando operamos nas áreas em que temos talento, em vez de meramente reagir para cada área de necessidade. Elmer Towns ensina um princípio que denomina de Divisão de Tarefas, fundamentado em 1 Coríntios 3.9 — "Porque nós somos cooperadores de Deus". Seu princípio afirma simplesmente: "Deus não fará aquilo que ordenou que você fizesse, e você não pode fazer o que Deus reservou como sua autoridade".

Lição 4: concentre-se em seu chamado, não nas críticas que recebe

Um estudo descobriu que quando um pastor é removido de uma igreja, isso em geral acontece por intermédio de apenas um punhado de pessoas insatisfeitas. A voz mais alta à sua volta em seu ministério pode não ser a voz de Deus. Há muito poder em ser capaz de sorrir e dizer: "Sinto muito que você se sinta dessa maneira, mas amo você, e Deus ama você", e depois seguir em frente com a tarefa que o Senhor lhe designou. Você não tem de defender a si mesmo contra toda e qualquer crítica. Isso só lhe tira a energia que deve ser dedicada a seu chamado e põe seu foco em tudo que é negativo.

Lembre-se: muitos de seus críticos veem as próprias falhas espelhadas em você. Os psicólogos nos dizem que tudo que não gostamos nos outros são as mesmas coisas que temos latentes em nós mesmos.

Lição 5: jamais pare de aprender

Independentemente do tempo que já esteja no ministério, é vital manter um espírito passível de aprender e a disposição para mudar e crescer. Henry Ford salientou esse aspecto em uma perspectiva que podemos aplicar para a equipe ministerial: "Reunir-se é o início; ficar juntos, o progresso; e trabalhar juntos, o sucesso". Jamais pense que você já chegou; continue aprendendo e crescendo.

O apóstolo disse o seguinte: "Não que já a tenha alcançado ou que seja perfeito; mas prossigo para alcançar aquilo para o que fui também preso por Cristo Jesus" (Fp 3.12).

Cinco pontos cruciais para aprimorar as habilidades de treinamento

Warren Bennis, em seu livro *On Becoming a Leader* [Tornando-se um líder] enumera vários princípios importantes para aqueles que querem desenvolver as habilidades de treinamento.

1. Comece com grandes pessoas. Você não consegue criar grandeza com a mediocridade. Os líderes de grupo gastam o tempo necessário para encontrar as pessoas corretas para contribuir para o grupo.

Uma igreja deve ser edificada com pessoas em mente, e não com programas. Não há nada inerentemente errado com os programas: são apenas meios organizados por intermédio dos quais é possível alcançar um objetivo. Entretanto, muitas igrejas cometem o engano de edificar primeiro organizações imensas e programas sensacionais para depois fazer com que as pessoas se ajustem a eles. Comece com as pessoas e depois com seus dons (edificando a igreja ao edificá-las).

Alguém já disse o seguinte: "Jamais utilize um grande povo para edificar uma grande igreja, mas use uma grande igreja para edificar um grande povo". Antes, devemos usar um grande povo para edificar uma grande igreja e depois usar uma grande igreja para suprir as necessidades de um grande povo. Esse é um maravilhoso círculo sem-fim: pessoas ministrando para pessoas por intermédio do organismo vivo chamado igreja.

Até mesmo o mundo secular concorda com essa filosofia de primeiro edificar as pessoas. Os gurus de liderança da atualidade enfatizam essa filosofia dizendo que o crucial para tornar uma pessoa eficaz é começar com a pessoa, descobrir quais são seus pontos fortes e pô-la em uma posição em que possa fazer pleno uso desses pontos fortes. Jamais inicie com uma tarefa e faça com que a pessoa se ajuste à tarefa ou com o programa. Comece com a pessoa e faça com que a tarefa ou programa se ajuste aos pontos fortes dessa pessoa. Isso automaticamente minimizará seus pontos fracos e fará com que estes não sejam prejudiciais para o grupo. Isso é liderança centrada nas pessoas.[3]

2. Crie espaço para a criatividade. Quanto mais criatividade, maior o ministério. Todo grande grupo precisa de alguém que possa organizar a engenhosidade dos outros. Ele precisa ser um sonhador pragmático e saber como criar os ambientes para que grandes projetos sejam bem-sucedidos.

Milton Bradley queria estabelecer uma carreira no final do século XIX, criando jogos de tabuleiro. Em apenas um breve período de tempo, seus jogos passaram a ser vistos em inúmeras salas dos Estados Unidos. Contudo, sua criatividade não pararia ali. Ele teve outra ideia. Por ser proponente do movimento do jardim da infância, ele viu a necessidade de brinquedos e materiais de ensino para essa faixa etária.

Milton Bradley começou a produzir brinquedos educativos para o jardim da infância, apesar de que, à época, esse tipo de educação infantil ser muito raro. Tinha apenas alguns clientes, mas em apenas uma geração havia mais que três mil escolas de jardim da infância, e ele estava fabricando suprimentos para todas elas — desde lápis de cera a mobiliário para crianças pequenas.

Os líderes devem abrir espaço para que os Milton Bradleys de sua igreja estabeleçam os objetivos, ajustem os objetivos e implementem sua visão em grandes empreendimentos para alcançar esses objetivos.

3. Inspire a missão ao operar com paixão. A missão está sempre além dos indivíduos. Ela foca de tal maneira esses indivíduos para que desempenhem além de si mesmos que estes acabam fazendo grandes sacrifícios pela causa. As pessoas são recrutadas para as cruzadas, e não para um emprego.

Alguns camaradas são como a garotinha que deu sua versão do Pai Nosso: "E não nos leve à criação, mas livra-nos das águias". Eles ficam felizes em viver na terra do *status quo*, ou seja, o estado existente, sempre temerosos de experimentar novos métodos ou de elevar-se a novas alturas. Os líderes são exatamente o oposto. Cantam com o compositor: "Ainda orando enquanto sigo em frente, Senhor plante meus pés em terrenos mais altos".

Que melhor causa existe pela qual se apaixonar que a Igreja? Ela é o Corpo vivo e palpitante do Cristo ressurreto. Oferece esperança para o desesperançado, cura para o ferido e perdão para o culpado por intermédio de seu Cabeça, o Messias!

4. Estimule a resposta tanto à missão quanto à "competição". Os líderes focam a derrota do inimigo real. Levantam-se contra as intenções de Satanás de "emaranhar a igreja nas teias da antiguidade", conforme alguém já afirmou. Eles alertam a equipe para que mudem a atitude: "Sempre fizemos desta maneira", para: "Vamos tentar de outra forma". Os pastores treinadores oferecem um desafio para a igreja para que derrubem as fortalezas do inimigo (nosso competidor real) e edifiquem o Reino de Deus de forma positiva e orientada para os objetivos, sempre dirigida pelo Espírito e animadoramente nova. Paul Lee Tan escreveu o seguinte:

> Depois de Maria Madalena deixar o sepulcro (Jo 20.17,18), não há evidência de que algum crente tenha retornado para esse local. Ademais, não há evidência no evangelho de que qualquer dos inimigos de Jesus chegou a visitar esse sepulcro. Seus inimigos não foram até aquele local, porque temiam que estivesse vazio. Os amigos de Jesus não retornaram ao sepulcro porque sabiam que estava vazio!

5. Permita que a visão capacite a realização da missão em termos concretos. A maioria dos líderes da igreja se saiu muito bem com seu entusiasmo e muito mal com seu planejamento. As igrejas precisam de sonhos com detalhes e prazos! Bennis estava correto quando observou: "Os prazos criam a urgência para fazer o trabalho. Forçam a criatividade, não a perfeição".

Certa vez perguntaram a John F. Kennedy, presidente dos Estados Unidos, como ele se tornara herói de guerra. Ele, com seu humor sagaz, respondeu: "Foi muito fácil. Alguém afundou meu navio!"

Muitos líderes de igreja operam a partir da estratégia de um "navio afundado". Em vez de um cuidadoso plano do calendário (após muita oração), criam programas e utilizam métodos "na hora certa", ou seja, apenas no momento em que sentem essa necessidade. Os líderes, ao começar a fazer planos anuais, poderiam eliminar muita dor de cabeça proveniente de planos de última hora e inadequados para ajudar.

Acrescente "força ao banco de reservas" treinando seu substituto

James B. Miller, em seu livro *The Corporate Coach* [O treinador corporativo], escreve sobre a necessidades de líderes treinarem seus substitutos — um processo que ele denomina de "acrescentando força ao banco de reservas". Ali, ele conta a história de um gerente que aprendeu essa lição da forma mais dura:

> Vários anos atrás, um gerente de um depósito veio até mim com flocos de doces nos cabelos. Era o momento de sua revisão anual, e ele mal podia esperar para me contar sobre suas realizações no ano anterior. Já contava com o aumento que, conforme tinha certeza, receberia.
>
> "Concordo com você sobre suas realizações. De fato, há algumas coisas adicionais que você conquistou que não estão em sua lista", disse-lhe depois de ele me apresentar seu caso. "Este ano, parece que você conquistou o mundo. Tenho, no entanto, uma pergunta a lhe fazer: quem você treinou para substituí-lo?"
>
> "Não tenho ninguém!"
>
> "Nem eu!"
>
> Depois, lembrei-o das avaliações anteriores que lhe dera e que nós dois havíamos concordado que ele deveria treinar um sucessor para que ele pudesse ser promovido no futuro à medida que a empresa crescia, e que não haveria nenhum aumento de salário até ele treinar um substituto.
>
> "Por você ainda não ter ninguém em mente para ficar em seu lugar, acho que temos de segurar qualquer aumento de salário até que você treine um substituto."
>
> Ele ficou chocado. Contudo, começou a me levar a sério sobre a necessidade de criar força no banco de reservas. De fato, no ano seguinte, já havia treinado duas pessoas para substituí-lo! Todos esses

três camaradas ainda trabalham conosco, todos eles foram promovidos ao longo dos anos porque treinaram seus substitutos.[4]

Muitos pastores, como o gerente do depósito, resistem de início ao conceito de treinar seus substitutos. Afinal, ninguém quer ser substituído. Os pastores treinadores bem-sucedidos, entretanto, têm de focar o "banco de reservas". Um excelente treinador instiga propósito e treina a equipe de tal forma que podem praticamente vencer sem sua presença. Um bom pastor treinador, da mesma forma, deve deixar em sua esteira um legado de pessoas leigas totalmente treinadas e que sabem como atuar como equipe no Corpo de Cristo.

Um exemplo esplêndido de um pastor que fez isso muito bem é Bob Russell. Quando ele se aposentou, passou a tocha do ministério em sua igreja, Southeast Christian Church [Igreja Cristã do Sul], para Dave Stone. Este, com centenas de líderes treinados, continuou o fantástico padrão de crescimento estabelecido por Bob Russell na igreja de Louisville, em Kentucky.

Pesquisas *in loco* na Model Church Conference [Conferência da Igreja Modelo] na qual ensinei por vinte anos, confirmam que a filosofia atual na maioria das igrejas inclui as seguintes dez expectativas. À medida que lê com cuidado esta lista, marque os itens que podem ser considerados uma tarefa só do pastor e as que podem ser desempenhadas por um leigo:

1. Cuidado pastoral
2. Administração
3. Realização de rituais
4. Liderança nas reuniões
5. Pregação
6. Ensino
7. Aconselhamento
8. Apresentação de uma nova visão
9. Treinamento do pessoal
10. Recrutamento

Além dessas dez expectativas, algumas igrejas esperam que os pastores cortem a grama do jardim e sirvam como zelador da igreja. Todas as tarefas acima, com exceção da pregação e apresentação de uma nova visão, podem ser realizadas — e realizadas de forma muito competente — por leigos, em especial quando são bem treinados.

Os pastores treinadores, a fim de evitar confusão, têm de definir claramente os papéis que devem ser preenchidos pelos membros da equipe. Muitos cristãos têm consciência das ferramentas (dons) que Deus lhes deu, mas não sabem para que devem ser usadas: "Será que serve para cavar um buraco ou para serrar madeira? Será que a devo usar para misturar o cimento?" Como podemos esperar que pessoas leigas façam de forma apropriada o trabalho do ministério se não reconhecem quais dons têm e como devem usá-los? Podemos fortalecer o ministério da equipe ao mostrar a elas o propósito das ferramentas que Deus lhes deu e a forma como estas funcionam.

Dicas para estruturação da equipe

- Esclareça mensalmente os objetivos da equipe no ministério.
- Conduza uma reunião com livre debate a cada seis meses.
- Ensine os membros da equipe a valorizar a crítica construtiva.
- Afirme o propósito de todas as reuniões de equipe.
- Tenha uma galeria de fotos da equipe.
- Defina claramente as tarefas, as responsabilidades e as prioridades.
- Inicie todas as reuniões de equipe na hora marcada.
- Visite os membros da equipe no campo de atuação deles a fim de economizar tempo.
- Monitore o desempenho da equipe.
- Compartilhe os sucessos do ministério com celebrações.

4

Estabeleça o ministério de equipes de ação na igreja local

Porque também o corpo não é um só membro, mas muitos.

1 CORÍNTIOS 12.14

"Abaixar, preparar, esperar!" Fazendo ajustes no ministério

Qualquer pessoa que já assistiu a uma partida de futebol americano profissional já viu isso. A linha de zagueiros se posiciona atrás do centro, olha para a esquerda e para a direita, para os jogadores de linha, e começa a cadência: "Abaixar, preparar..." Depois, repentinamente ele pede um intervalo. O que está errado? Os zagueiros olharam a defesa da equipe adversária e depois viram a formação do ataque da própria equipe. Algo não está correto. É preciso fazer um ajuste antes de a partida continuar.

Por trás dessa decisão dos zagueiros está a experiência e o treinamento do treinador. Em qualquer equipe profissional, o treinador passa anos se preparando para essa tarefa e conhece tudo sobre futebol. Apesar de o treinador não ser aquele que joga a bola, ele é o responsável pelo plano de jogo e das jogadas ensaiadas. Foi ele que educou a equipe e a ensinou os métodos por intermédio dos quais podem vencer a partida.

O mesmo acontece com o pastor treinador. A educação séria precisa acontecer antes que as pessoas leigas se transformem em equipes talentosas no ministério.

Para uma igreja crescer, ela precisa ser saudável. Uma igreja saudável supre as necessidades de seus membros e alcança a comunidade que ela serve. Essa igreja é equilibrada, conforme Paulo explica em Efésios 4.16 — "do qual todo o corpo, bem ajustado e ligado pelo auxílio de todas as juntas, segundo a justa operação de cada parte, faz o aumento do corpo, para sua edificação em amor". Uma igreja saudável cresce (em números ao alcançar pessoas para Cristo) e edifica-se (ao ministrar para as necessidades no próprio corpo). Uma igreja saudável ministra tanto para o corpo como para os de fora desse corpo. Uma igreja saudável equilibra seu ministério com os dons que Deus lhe deu.

As necessidades das pessoas e as provisões de Deus

Meu amigo David Slamp, quando era ainda rapaz, não foi treinado para ser professor, mas lhe pediram para dar as aulas de discipulado. Logo percebeu que, se fosse para ser bem-sucedido, teria de adaptar seu material de ensino para as necessidades de seus alunos. Por estar determinado a ser um comunicador eficaz, fez um estudo aprofundado dos dons espirituais. Descobriu que há um alto grau de correlação entre as necessidades das pessoas e os dons espirituais que Deus proveu para a edificação da igreja. As características de cada dom parecem se ajustar a uma necessidade humana. A tabela a seguir enumera as necessidades que a igreja precisa suprir na vida de um indivíduo se for para este se tornar um cristão maduro e demonstrar o dom espiritual que ministra para essa necessidade em particular. Examinemos as necessidades uma a uma a fim de ver como Deus equipou a igreja para ministrar a essas necessidades.

Equipe no ministério

Necessidade humana	**Membro da Equipe**
Salvação	Evangelista
Consciência do pecado	Profeta
Doutrina	Mestre
Direção clara	Exortador
Orientação e cuidado	Pastor
Consolo	Doador de misericórdia
Ajuda	Servo
Assistência financeira	Doador generoso
Liderança	Administrador
Comunhão	Todo o Corpo de Cristo
Maturidade	Toda a equipe

Salvação: evangelismo

Primeiro, temos a necessidade de salvação da pessoa. Romanos 3.23 afirma: "Porque todos pecaram e destituídos estão da glória de Deus". Qual membro da equipe supre essa necessidade na vida de uma pessoa? É o evangelista. Isso não quer dizer que o evangelista é a única pessoa na igreja a levar as pessoas para o conhecimento salvífico de Jesus Cristo. Contudo, se fizer uma pesquisa, verá que o evangelista provavelmente é a pessoa que alcançou 80% ou 90% dos convertidos. Os evangelistas são como vendedores para Cristo. São agressivos e confrontadores.

Os evangelistas confrontadores (algumas vezes chamados de *ganhadores de alma*) tentam motivar os outros a alcançar as pessoas perdidas. Contam história que começam da seguinte forma: "Viajei de avião e sentei-me ao lado de um camarada que não era salvo", e que terminam desta forma: "Quando o avião pousou, o homem ao meu lado inclinou a cabeça e aceitou Cristo como seu Salvador". Entram em um elevador com uma pessoa não cristã no sexto andar e descem no 14º andar com um cristão nascido de novo. Mais uma vez, preciso enfatizar que os que têm o dom do evangelismo não são os únicos que podem levar as pessoas a Cristo. Todavia, eles levam mais pessoas até o ponto da tomada de decisão, apesar de que alguma outra pessoa também as possa ter influenciado e lançado a semente para que aceitassem a Cristo.

Consciência do pecado: profeta

Alguém disse certa vez que o mundo é tão apreciador das normas da igreja, e a igreja é tão mundana, que não conseguimos diferenciar um do outro. O mundo exerce tanta influência em nossa vida, mesmo nós cristãos, que algumas vezes temos dificuldade em reconhecer o pecado. A pessoa que supre essa necessidade em nossa vida cristã é o profeta.

Os profetas pregam a Palavra de Deus da forma como ela é. Conseguem ver o que está errado na vida das pessoas e salientam o que está errado na igreja, mas o ponto fraco desses profetas é que em geral não conseguem ver o que está correto na vida das pessoas e da igreja. O ministério dos profetas se manifesta principalmente por intermédio da pregação, e em geral eles tratam em grande parte de apontar o pecado. Fazem aquilo que consideramos a pregação difícil, ficando, com frequência, empolgados, "alertando" e pregando para o convencimento do pecado. A pregação toca seu coração e algumas vezes o deixa com raiva. Esses são os pregadores do tipo "apocalíptico".

Doutrina: mestre

As pessoas precisam conhecer a sã doutrina, ou seja, os princípios para a vida correta. Só a Palavra de Deus pode verdadeiramente nos dizer o que está correto. A pessoa que supre essa necessidade é o mestre. *Didasko* é o termo grego que significa *ensinar*: transmitir conhecimento, repetir fatos ou torná-los conhecidos. Os mestres sempre estudam e transmitem as normas, os padrões e as doutrinas das Escrituras para os outros, quer de forma verbal quer por escrito.

Direção clara: exortador

As pessoas sabem *o que* e *como* fazer. A pessoa que supre essa necessidade é o exortador. Os exortadores gastam seu tempo ensinando as pessoas como agir. Também motivam e estimulam as pessoas, capacitando-as a conseguir realizar mais. São grandes conselheiros porque tendem a fornecer soluções práticas para os problemas.

Orientação e cuidado: pastor

Todos, algumas vezes, precisam ser orientados ou cuidados. Quem supre essa necessidade? O pastor. Os pastores têm uma abordagem de protetores para a liderança. Têm o fardo de ensinar a Palavra de Deus e de cuidar das pessoas a sua volta. Protegem e abrigam suas ovelhas. Esse dom não se limita à posição do pastor sênior. Muitos cristãos têm o dom de pastor, em especial as mulheres.

Consolo: doador de misericórdia

As pessoas que enfrentam doenças ou alguma outra situação difícil precisam de consolo. Embora não exista um termo preciso como, por exemplo, *evangelista* ou *líder* para descrever essa função, existem pessoas que são especialmente dotadas na demonstração de misericórdia pelos outros. Elas em geral são afáveis, mas não expansivas, e parecem sempre saber o que dizer ou o que não dizer quando estamos feridos. Sentem empatia pelas pessoas, sentindo sua dor e suas alegrias, em vez de apenas se solidarizarem com elas.

Se uma tragédia acontecer em sua vida, você certamente gostará de receber a visita ou telefonema de uma pessoa com o dom de demonstrar misericórdia, porque esta pode ajudá-lo a lidar melhor com a dor. Os doadores de misericórdia fornecem um apoio especial que as outras pessoas não conseguem dar. Atraem as pessoas feridas, porque têm a habilidade de se pôr na posição delas. As pessoas gostam de compartilhar seus dias felizes com os doadores de misericórdia, porque estes se regozijam com elas.

Ajuda: servo

Quando as pessoas precisam de uma mão amiga, essa necessidade pode ser suprida pelo servo. Os servos fazem quase tudo — nenhuma tarefa é muito pequena nem insignificante para eles, nenhum desafio grande o bastante. Batalham para suprir as necessidades dos outros de formas práticas. Os servos ficam contentes em fazer o trabalho braçal na igreja e muitas vezes na sua casa também. Os servos se realizam ao fazer o que muitas pessoas consideram tarefas servis e sem interesse e ficam contentes em trabalhar nos bastidores. Não precisam nem gostam dos holofotes voltados para eles. Não são reis, mas criadores de reis. É um dom que Deus deu a muitos cristãos.

Assistência financeira: doador generoso

As finanças são necessárias para suprir os ministérios e as missões na igreja à medida que suprimos as necessidades físicas das pessoas. A pessoa que supre essa necessidade é a doadora. Os indivíduos doadores têm a mente voltada para as missões. Não é incomum ver uma igreja com vários doadores, todos apoiando muitos projetos de missões. Enquanto muitos cristãos têm a responsabilidade do dízimo, Deus deu a alguns deles a habilidade de doar muito além do equivalente de seu dízimo.

Muitas pessoas com o dom de doar têm a habilidade de ganhar dinheiro, mas nem sempre. Em geral, gostam de fazer com que a doação seja confidencial e não buscam reconhecimento. São abençoadas ao ajudar os outros que passam necessidade e apoiam projetos e ministérios especiais na igreja. São boas administradoras e gostam de saber que seu dinheiro está sendo usado para uma boa causa.

Doar e servir são dois dons que a igreja precisa dar ênfase adicional hoje, porque permitimos que o governo assumisse essas áreas. Doamos para igreja acrescentar uma edícula ou salão ao prédio, mas, quando se trata de doar para um cristão individual, raramente fazemos isso. Permitimos que o governo supra nossas falhas como cristãos para fazer o que é certo.

Quando uma pessoa na igreja tem problemas financeiros, os cristãos em geral dizem algo como: "Será que não consegue pedir essa quantia emprestada para resolver esse problema?"; ou: "Certamente existe algum programa de bem-estar social que possa ajudá-lo"; ou ainda: "Pode conseguir o dinheiro se assinar uma nota e devolver mensalmente — com juros". Estamos dizendo para as pessoas procurarem outras fontes, quando Deus diz em Romanos 12.13 que a igreja é uma equipe de ministério que deve suprir as necessidades na vida das pessoas, distribuindo para as necessidades dos santos e sendo dados à hospitalidade. (Veja também At 6)

Liderança: administrador

A maioria das pessoas é seguidora. A fim de alcançar um objetivo, 84% das pessoas precisam de um programa totalmente planejado e supervisionado. Se o programa for cuidadosamente planejado, 14% das pessoas são capazes de alcançar esse objetivo com pouca supervisão. Entretanto, apenas 2% das pessoas conseguem criar um sonho e concluí-lo por si mesmas. Esses 2% das pessoas são administradoras. Estas são líderes.

Comunhão: todo o Corpo de Cristo

Todo mundo precisa de laços afetivos com outras pessoas. Todos nós precisamos de comunhão. Essa necessidade é suprida não por um subgrupo de pessoas na igreja, mas por todo o Corpo de Cristo. Isso inclui todos os administradores, servos, doadores, exortadores, profetas, mestres, evangelistas, doadores de misericórdia e pastores. Todos esses cristãos com seus respectivos dons, a igreja toda, precisa suprir as necessidades das pessoas por comunhão. Pesquisas mostraram que a maioria das pessoas que começa a frequentar uma determinada igreja faz isso por causa da comunhão da qual desfrutam. Vamos à igreja para nos encontrar com nossos amigos.

Maturidade: toda a equipe

Se olhássemos para o lado esquerdo de nossa tabela acima como se fosse um problema de matemática, a que resultado chegaríamos se somássemos todas as parcelas? Um cristão maduro. Depois de você suprir todas essas necessidades na vida das pessoas, elas se tornam maduras. Para cada necessidade que falhamos em suprir, as pessoas serão esse tanto menos maduras. Contudo, quanto mais próximos ficamos de suprir todas as necessidades, mais maduros os indivíduos se tornam.

Tragicamente, no entanto, muitas igrejas deixam de cuidar de um, duas, três ou até mesmo todas as quatro necessidades principais. A fim de evitar esse equívoco, precisamos entender o procedimento bíblico para treinar cristãos.

A epístola de 2 Timóteo 3.16 afirma: "Toda Escritura divinamente inspirada é proveitosa para ensinar, para redarguir, para corrigir, para instruir em justiça". Em geral citamos essa passagem para apoiar a inerrância da Bíblia. Mas examinemos de novo o procedimento bíblico para o treinamento de cristãos. Quatro aspectos são necessários: doutrina, redarguição ou repreensão, correção e instrução. Não acho que Paulo tenha enumerado esses aspectos nessa ordem por mero acidente.

- **Doutrina** refere-se às normas e padrões das Escrituras. Representa os padrões por intermédio dos quais precisamos governar nossa vida e nosso ministério. A doutrina não é o *processo* de ensinar, mas o *produto* do ensino.
- **Redarguição ou repreensão** significa mostrar o que está errado.
- **Correção** envolve mostrar o que é certo.
- **Instrução** diz respeito apenas às informações sobre como fazer ou agir e a aplicação prática.

Observe como esses aspectos se relacionam aos dons espirituais. Primeiro, o principal ministério do profeta é salientar o que está errado, enquanto a principal ênfase do mestre é apontar o que está correto. O principal ministério do exortador diz respeito apenas a como fazer isso.

Temos a tendência de ignorar algumas dessas pessoas, com maior frequência a pessoa do profeta. Afinal, quem quer alguém pisando em seus calos e apontando o que está errado? O profeta nos faz sentir desconfortáveis. Por sua vez, mantemos fora de nossa vida aqueles que nos fazem nos sentir desconfortáveis.

Muitas igrejas não têm um mestre talentoso e fundamento doutrinal sadio em seu ministério. A pessoa orientada pela doutrina é em geral orientada pelos fatos, em vez de orientada pela aplicação prática. Por essa razão, até mesmo um mestre excepcional — ensinando teologia, doutrina e profecia semana após semana, mas sem dar muita aplicação prática — acaba com uma congregação frustrada.

Além da doutrina, as pessoas precisam de ensinamento simples e prático sobre como agir. Por exemplo, considere um homem que diga: "Sei que não estou cumprindo adequadamente minha função de pai, mas estou cansado de ouvir as pessoas me dizerem que estou agindo de forma errada. Quero alguém que me mostre como me tornar um pai melhor". Por outro lado, você não pode ensinar um homem como ser um melhor pai se ele primeiro não estiver convencido de que precisa ser um melhor pai. Sem convicção, o ensino prático entra por uma orelha e sai pela outra. O mestre prático, por sua vez, não pode ser eficaz se seu ensinamento não se fundamentar na teologia apropriada, algo que acompanha os que têm dom de mestre.

Alguns mestres podem tanto convencer a pessoa quanto explicar como agir. Além do ensino, têm o dom secundário da exortação ou profecia. Entretanto, o profeta, em geral, é aquele que nos estimula e nos convence, e o exortador prático é aquele que entra em cena para nos dizer como agir. Esse tipo de situação enfatiza ainda mais o equilíbrio e a cooperação que a Bíblia descreve quando lida com os dons espirituais.

O ministério de equipe não quer dizer exclusividade. Por exemplo: um homem chega a sua igreja pedindo ajuda, e o secretário pergunta: "Você é salvo?". Ele responde: "Não!" Então ele lhe diz: "Nesse caso, primeiro precisa ir até o fim do corredor e ver o reverendo Evangelista para que ele o possa levar a Cristo. Depois, você precisa atravessar o saguão e ver o senhor Mestre para que ele possa lhe mostrar o que é correto. Depois disso, você deve ir até o andar de cima e permitir que o conselheiro Exortador lhe mostre como resolver seus problemas". A equipe ministerial envolve pessoas com excelência nessas áreas do ministério por causa dos dons que lhes foram dados por Deus, mas sempre há alguma sobreposição em todas as áreas dos dons e do ministério.

Quando o lado direito da tabela acima for somado, o resultado é *Equipe*. A equipe é um grupo de cristãos dotados de poder pelo Espírito Santo. Não resta a menor dúvida quanto a isso — essa é a força mais poderosa na terra. Por anos, permitimos que essa força maravilhosa ficasse quase adormecida. Apesar de termos a força mais poderosa da terra, permitimos, ao não fazermos nada com ela, que o mundo e o humanismo tomassem conta de nossas escolas, de nosso governo e das mídias de notícia e dos entretenimentos. Conforme disse Edmund Burke: "Tudo que é preciso para o mal triunfar é que os homens bons não façam nada".

Crescimento duradouro

Quando adicionamos todas essas necessidades supridas e todos os dons ativos, temos crescimento duradouro. Entretanto, para o crescimento duradouro, a igreja tem de suprir essas necessidades na vida de seus membros. Quando você deixa de suprir algumas dessas necessidades, as pessoas ficam incompletas. Tentam, de forma subconsciente, preencher essas necessidades que não foram supridas. Em muitos casos, nem mesmo têm consciência de que essas necessidades existem. Tudo que sabem é que existe um vazio em sua vida e têm de seguir em frente, buscando outra igreja que possa suprir essas necessidades.

Depois de passar por muitas igrejas, essas pessoas algumas vezes desistem de vez, pensando que nenhuma igreja pode suprir suas necessidades. É claro que poucas igrejas podem ministrar perfeitamente para todas essas necessidades. Todavia, quanto mais necessidades são supridas, mais eficaz a igreja será em seu crescimento duradouro.

O equilíbrio necessário para uma igreja saudável

Algumas igrejas são fortes no alcançar outras pessoas para Cristo. Contudo, embora consigam que as pessoas sejam salvas, muitos desses convertidos simplesmente saem pelas portas do fundo por causa da ineficácia do programa de acompanhamento. Por outro lado, algumas igrejas têm bons ministérios de ensino, mas não evangelizam. A ideia é conseguir o equilíbrio. A igreja equilibrada é uma igreja saudável que cresce.

Paulo, em três passagens distintas, escreve sobre os dons espirituais (Rm 12; 1 Co 12; e Ef 4), usa uma analogia com cinco facetas: a do (1) corpo humano; (2) a do Corpo de Cristo; (3) a da Igreja; (4) a dos membros que a igreja tem; e (5) a dos dons espirituais. A Igreja é comparada ao corpo humano. Os membros com vários dons espirituais são comparados com as partes do corpo. A epístola de 1 Coríntios 12.12,14,15,17,18,21,22 afirma o seguinte:

> Porque, assim como o corpo é um e tem muitos membros, e todos os membros, sendo muitos, são um *só* corpo, assim *é* Cristo também. [...] Porque também o corpo não é um *só* membro, mas muitos. Se o pé disser: Porque não sou mão, não sou do corpo; não será por isso do corpo? [...] Se todo o corpo *fosse* olho, onde *estaria* o ouvido? Se todo *fosse* ouvido, onde *estaria* o olfato? Mas, agora, Deus colocou os membros no corpo, cada um deles como quis. [...] E o olho não pode dizer à mão: Não tenho necessidade de ti; nem ainda a cabeça, aos pés: Não tenho necessidade de vós. Antes, os membros do corpo que parecem ser os mais fracos são necessários.

A questão é a seguinte: quando o Corpo de Cristo funciona de forma mais eficaz e eficiente? Quando cada membro faz o que deveria fazer. Quando você escreve com as mãos, caminha com os pés, ouve com os ouvidos, enxerga com os olhos, e todos os membros trabalham juntos para o objetivo comum, então você está equilibrado e funciona com eficiência.

Sua responsabilidade, portanto, é equipar as pessoas leigas a exercitar os dons espirituais que Deus lhes deu, em um esforço de equipe com o restante do corpo com diversos dons a fim de suprir todas as necessidades de todas as pessoas. Para desenvolver uma equipe eficaz, todos os dons de todas as pessoas na igreja local devem, portanto, suprir as necessidades de todas as pessoas nessa igreja ou comunidade. Complementamos uns aos outros e suprimos as necessidades uns dos outros; formamos, desse modo, uma equipe eficaz.

O princípio do "dedinho do pé"

Alguns leigos pensam: "Sei que sou parte do corpo, mas sou apenas o dedinho do pé. Não sou realmente muito importante. Não tenho muita participação no Corpo e não sou de forma alguma eficaz".

Conheço um homem cujo dedinho do pé foi cortado em um acidente. Esse dedinho tem muito que ver com o equilíbrio do corpo. Se um leigo for o dedinho do pé em sua igreja, ele tem a mesma função na igreja (o Corpo de Cristo) que o dedinho do pé desse homem. O leigo é o equilíbrio da igreja.

O dedinho do pé não tem nenhum músculo relevante. Se a pessoa se inclina e perde o equilíbrio, começando a cair, o dedinho do pé não tem músculo para interromper a queda. Contudo, ele imediatamente envia um sinal para o cérebro que diz: "Desequilibrado". Daí o cérebro envia um sinal para vários outros músculos para que se contraiam a fim de impedir que a pessoa caia. Meu amigo que perdeu o dedinho do pé descobriu que, se correr, se andar muito rápido ou se não prestar atenção, ele perde o equilíbrio e cai.

A pior coisa que os leigos "dedinho do pé" podem fazer é cair no sono. Se o dedinho do pé dormir, exatamente como o pé que adormece, acaba por afetar todo o corpo. Se você tem pessoas dedinhos do pé que adormecem em sua tarefa, então elas podem ser as que impedem a igreja de crescer. Portanto, como pastor treinador, certifique-se de comunicar para cada membro da equipe o quanto ele é importante para que o corpo funcione de forma eficiente.

> *Nunca ouvi falar muito sobre as resoluções dos discípulos, mas ouvi muito sobre os atos dos apóstolos.*
>
> *– Horace Mann*

De acordo com Provérbios 18.15: "O coração do que tem discernimento adquire conhecimento; os ouvidos dos sábios saem à sua procura" (NVI). Modelar e encorajar a educação contínua são as principais responsabilidades do pastor sênior. Harold J. Westing afirma o seguinte: "É lógico que a equipe pastoral da igreja modele como uma equipe deve funcionar". Compre bons livros para os líderes lerem. Encoraje-os a ouvir CDs ou mensagens gravadas na internet que os enleve. Envie-os aos seminários.

Quanto mais os membros da igreja ministram nas áreas para as quais receberam seus dons, mais equilibrada é a igreja, mais crescimento duradouro, tanto numérico quanto espiritual, acontecerá e mais Deus é honrado.

> Na igreja que estava em Antioquia havia alguns profetas e doutores, *a saber:* Barnabé, e Simeão, chamado Níger, e Lúcio, cireneu, e Manaém, que fora criado com Herodes, o tetrarca, e Saulo. E, servindo eles ao Senhor e jejuando, disse o Espírito Santo: Apartai-me a Barnabé e a Saulo para a obra a que os tenho chamado. Então, jejuando, e orando, e pondo sobre eles as mãos, *os* despediram. (At 13.1-3)

Oliver Wendell Holmes escreveu isso certa vez: "Acho que a grande coisa não é tanto onde estamos quanto para qual direção estamos nos movendo. Para alcançar o porto do céu, precisamos velejar, algumas vezes a favor do vento e outras contra ele, mas precisamos navegar, sem ficar à deriva nem lançar âncora".

Já conversamos sobre a importância das equipes leigas no ministério. Também já vimos o papel do pastor treinador no sucesso das equipes. Contudo, chega um momento em que temos de nos mover da sessão de estratégia para o campo no qual jogamos nossa partida.

Marlene Wilson escreve sobre ir para o campo onde disputamos a partida.

> Para conseguir que as pessoas que se sentam nos bancos da igreja se movam, o pastor pode fazer várias coisas. Entrevistar vários novos membros a fim de descobrir seus pontos fortes e seus dons. Defina os objetivos da liderança. Se os membros e os líderes em potencial sabem o que esperar dos papéis de liderança, não ficarão apavorados com o fato do pouco conhecimento ou com muita responsabilidade. Ensine a abordagem de equipe que permite que todos contribuam com seus pontos fortes e fracos, com suas preocupações e sonhos. Encorajem os líderes naturais enquanto se certificam que os que não nasceram para ser líderes não são forçados a ocupar o papel de liderança.[1]

David Frost, em uma entrevista com o general Norman Schwarzkopf, comandante das forças aliadas na Guerra do Golfo, fez-lhe a seguinte pergunta: "Qual foi a maior lição que aprendeu com tudo isso?"

Norman Schwarzkopf respondeu:

> Acho que há realmente uma só verdade militar fundamental. E essa é que você pode acrescentar às forças de correlação, pode ob-

servar o número de tanques de guerra, o número de aviões e todos esses fatores do poderio bélico e pôr tudo isso junto. Contudo, a menos que o soldado em terra ou o aviador no ar tenha vontade de ganhar, tenha a força de caráter para entrar na batalha, acredite que a causa seja justa e tenha apoio de seu país, todo o resto é irrelevante.

O mesmo é verdade para as equipes no ministério da igreja. Sem a convicção de cada pessoa de que a causa é válida, a batalha jamais será vencida, e a equipe não será bem-sucedida. É preciso haver compromisso. Temos de levar a equipe para o campo onde a partida é travada!

Entretanto, uma pesquisa Gallup de 1993 sobre religião nos Estados Unidos descobriu que 50% dos membros da igreja não estão dispostos a fazer nada pela igreja, 40% dos membros esperam que lhes seja feito um convite, e apenas 10% deles estão de fato envolvidos no ministério da igreja. Certamente, essas porcentagens terão de mudar dramaticamente se a Igreja nos Estados Unidos quiser causar o impacto que Deus espera que ela tenha. Os ministérios de equipes de ação são a resposta. É tempo de incluir nas atividades da igreja esses 40% dos membros que esperam um convite para a ação, fortalecendo-os e equipando-os para essa atuação.

Como garantir ministérios de equipes de ação bem-sucedidos

Após educar e testar os dons de sua congregação, você está livre para começar a estabelecer os ministérios de equipes de ação. No entanto, antes de as equipes estarem totalmente estabelecidas, os membros da equipe e o pastor treinador têm de entender as quatro fases distintas no crescimento pessoal em direção à participação no ministério da igreja:

1. Assimilação. Na assimilação, a pessoa entende como se tornar parte da igreja local.

2. Ensino. Aqueles que já foram assimilados na igreja devem receber ensinamentos sobre o fundamento bíblico para o ministério leigo.

3. Desenvolvimento. Por intermédio do teste dos dons e do perfil da personalidade, os membros da igreja começam a descobrir seus dons e chamados espirituais.

4. Colocação. O objetivo último é que todo membro se transforme em ministro em alguma área de atuação.

Não só o membro da igreja precisa progredir da fase inicial de assimilação para a colocação real no ministério da igreja, mas o papel do pastor tem também de “crescer” ao longo dessas diferentes fases.

À medida que a igreja cresce, o ministério prático do pastor diminui, enquanto o ministério prático da congregação cresce. E esse ministério prático deve ser feito de forma muitíssimo eficaz pelas equipes de pessoas com diversos conhecimentos e habilidades, e não apenas por aqueles que não passam de "clones" do pastor.

> *Quando as instituições se desenvolvem, o foco tende a mudar um tanto rapidamente dos que se movem e do movimento para a máquina e os monumentos.*
>
> – *Robert Dale*

Suprindo as necessidades dos membros da equipe

Robert B. Maddux, em seu livro *Team Building: an Exercise in Leadership* [Estruturação de equipes: um exercício de liderança] enumera sete detalhes que um membro da equipe precisa receber do treinador a fim de que possa ser eficaz:

1. A compreensão básica de sua tarefa e sua contribuição para a equipe.
2. A compreensão contínua do que se espera dele.
3. A oportunidade de participar na mudança de planejamento e de desempenhar de acordo com as habilidades da equipe.
4. A oportunidade de receber assistência sempre que necessário.
5. As informações sobre seu desempenho para saber como está se saindo.
6. O reconhecimento e a recompensa fundamentada em seu desempenho.
7. O trabalho certo em um ambiente e atmosfera que encorajem o desenvolvimento pessoal.[2]

O treinador precisa não só aplicar esses princípios no estabelecimento dos ministérios de equipes de ação, mas também os membros da equipe têm de abraçar o que denomino de "Os sete celestiais".

Os sete celestiais

1. Demonstrar amor uns pelos outros.
2. Informar uns aos outros.
3. Aprender como um grupo.

4. Reconhecer os dons ministeriais.
5. Ter a "atitude de Cristo".
6. Estar comprometido com a causa de Cristo.
7. Celebrar as vitórias juntos.

Movendo para a filosofia do ministério de equipes de ação

Toda vez que uma igreja tenta mudar a filosofia do ministério, algumas questões são levantadas.

Questão 1: inclusão (Quem faz parte da equipe?)
Questão 2: direção (Quem está no comando?)
Questão 3: afeição (Quanto de confiança existe ali?)
Questão 4: implementação (Como alcançaremos nossos objetivos?)

Estruturar uma equipe não é a mesma coisa que preparar um café instantâneo; essa atividade diz mais respeito ao processo de "fermentação". É preciso tempo e requer paciência tanto do treinador quanto dos jogadores. O processo não é tão feliz e bem-aventurado quanto algumas pessoas podem ser levadas a acreditar. De fato, muitas igrejas tentaram implementar os ministérios de equipes de ação e "bateram com o nariz na porta".

Um ministério de equipes de ação eficaz, no entanto, encara o processo de crescimento de forma realista. Por exemplo, no primeiro ano de mudança para as atividades do ministério de equipes de ação, há em geral indefinição e hesitação. É fácil haver desencorajamento e frustração se apenas alguns resultados palpáveis forem observados logo de início. A compreensão dos diferentes estágios do ministério de equipes de ação apresentados a seguir e as possíveis "dores do crescimento" inerentes a cada estágio ajudam a afastar o desencorajamento:

- *Formação* (organizando-se para o ministério de equipe)
- *Idealização* (debates livres, apresentação de novas ideias, criação da visão)
- *Normas* (estabelecimento de um padrão consistente de ministério)
- *Desempenho* (trabalho no poder do Espírito Santo)

Todos os que criam estavam juntos e tinham tudo em comum. Vendiam suas propriedades e fazendas e repartiam com todos, segundo cada um tinha necessidade. E, perseverando unânimes todos os dias no templo e partindo o pão em casa, comiam juntos com alegria e singeleza de coração,louvando a Deus e caindo na graça de todo o povo. E todos os dias acrescentava o Senhor à igreja aqueles que se haviam de salvar (At 2.44-47).

O compromisso da equipe apostólica

E subiu ao monte e chamou *para si* os que ele quis; e vieram a ele. E nomeou doze para que estivessem com ele e os mandasse a pregar e para que tivessem o poder de curar as enfermidades e expulsar os demônios: Simão, a quem pôs o nome de Pedro; Tiago, *filho* de Zebedeu, e João, irmão de Tiago, aos quais pôs o nome de Boanerges, que significa: Filhos do trovão; André, e Filipe, e Bartolomeu, e Mateus, e Tomé, e Tiago, *filho* de Alfeu, e Tadeu, e Simão, o Zelote,e Judas Iscariotes, o que o traiu (Mc 3.13-19).

As sete ações de implementação

A implementação de uma equipe ministerial envolve sete ações distintas:

1. Desenvolver o sonho da construção do Reino
2. Estruturar a equipe para um ministério abrangente
3. Estabelecer o papel de cada líder de equipe
4. Comunicar as informações vitais para toda a equipe
5. Permitir que a equipe inove e crie
6. Reconhecer a fraqueza inerente em todos os seres humanos
7. Liberar a equipe para ministrar em nome de Jesus

Dando início a seu ministério de equipes de ação

Tommy Lasorda, grande treinador da equipe de beisebol Dodgers, disse certa vez: “Minha responsabilidade é fazer com que meus 25 camaradas joguem pelo nome escrito na frente de seu uniforme, e não o que está atrás”. Misturar os talentos e as personalidades de indivíduos em uma equipe coesa é um grande desafio, mas, com a ajuda de Deus, isso pode ser feito. Deixe-me sugerir nove passos para dar início a sua equipe.

Passo 1: Determine suas áreas de ministério

Talvez você queira categorizar o ministério todo de sua igreja em áreas separadas. Por exemplo — educação cristã, edificação e manutenção, adoração, comunhão, evangelismo e assim por diante. (Veja os sete ministérios de equipes de ação no capítulo 6.) O ministério de equipes de ação pode ser designado para supervisionar os ministérios contínuos nessas áreas.

As equipes para essas áreas de ministério devem ser recrutadas e designadas com base em suas habilidades e interesses nessas áreas.

Passo 2: Estruture sua equipe

Quantos membros a equipe terá? Quanto tempo essa equipe servirá o ministério? Qual é a principal função da equipe? Essas são algumas perguntas que serão respondidas em uma descrição de tarefa por escrito que você preparará para a equipe. A boa delegação se inicia com a boa direção.

Chris Russell oferece este excelente conselho:

> Lembre-se que é melhor delegar responsabilidades do que tarefas específicas. Dessa forma, você pode prover orientações gerais sem ter de ficar apontando tarefas. Certifique-se de que a pessoa tem a autoridade para levar adiante a responsabilidade delegada. Esse membro da equipe tem o poder de tomar decisões dentro dos parâmetros que você estabelece. Perceba que não é ruim o fato de pessoas leigas cometerem enganos. Desde que não seja o mesmo engano vez após vez, isso demonstra que estão aprendendo, crescendo e tentando fazer coisas novas.[3]

Passo 3: Avalie os potenciais membros da equipe

Cada membro da equipe, conforme já afirmamos, é único. Os níveis de habilidade diferem muitíssimo. Os temperamentos são distintos. As personalidades, diversas. O treinador habilidoso vê como esses indivíduos únicos podem trabalhar como equipe. Via de regra, no entanto, os potenciais membros da equipe devem ter algum grau de compatibilidade.

É claro que o primeiro ingrediente na estruturação de uma equipe é a oração. A Palavra de Deus promete: "E, se algum de vós tem falta de sabedoria, peça-a a Deus, que a todos dá liberalmente e não *o* lança em rosto; e ser-lhe-á dada" (Tg 1.5). Deus, uma vez que foi Ele quem nos criou, conhece os potenciais membros de nossa equipe muito melhor que chegaremos a conhecê-los. O Senhor sabe exatamente quais pessoas se ajustam a nossa equipe.

Passo 4: Escolha os líderes

Red Auerbach, o lendário treinador da equipe de basquete Boston Celtics, disse certa vez: "A forma como você seleciona as pessoas é mais importante que a forma como as administra depois que já estão trabalhando". De acordo com Bobb Biehl, ter os jogadores corretos determina de 60% a 80% do sucesso de qualquer organização. E ter os líderes corretos é tão importante quanto ter os jogadores corretos! Escolher líderes de equipe firmes é um dos passos mais cruciais na criação dos ministérios de equipes de ação. Uma das características de um treinador eficaz é a habilidade de reconhecer os bons jogadores. Paulo modelou essa característica no caso de Timóteo: "E [Paulo] chegou a Derbe e Listra. E eis que estava ali *um* certo discípulo por nome Timóteo, filho de uma judia que era crente, mas de pai grego,do qual davam *bom* testemunho os irmãos que estavam em Listra e em Icônio. Paulo quis que este fosse com ele e, tomando-o, o circuncidou, por causa dos judeus que estavam naqueles lugares; porque todos sabiam que seu pai era grego" (At 16.1-3).

É maravilhoso ser naturalmente um bom treinador e ter o tino para selecionar potenciais líderes. Jesus, no entanto, levou isso um passo adiante. Antes de Ele se envolver no treinamento, passou primeiro uma noite toda em oração a fim de se certificar que estava escolhendo os líderes acertadamente. "E aconteceu que, naqueles dias, subiu ao monte a orar e passou a noite em oração a Deus. E, quando *já* era dia, chamou a si os seus discípulos, e escolheu doze deles, a quem também deu o nome de apóstolos" (Lc 6.12,13).

Os doze homens que Jesus escolheu para sua equipe pareciam destinados para a calamidade, mas Ele viu o potencial desses homens. Embora parecesse altamente improvável que esses doze homens totalmente diversos uns dos outros fossem capazes de trabalhar juntos como uma equipe harmoniosa, em Atos dos Apóstolos 2.1 eles já estavam todos de acordo e reunidos em um só lugar. Jesus modelara-os para que formassem uma equipe funcional. (Mas lembre-se que eles falharam ao longo dessa caminhada — chegando a ponto de desertar Jesus durante a experiência da crucificação. Não se desespere quando vir fracassos e falhas!)

Don Cousins compartilha quatro passos importantes para usar na seleção dos jogadores corretos para liderar as equipes:

Força de caráter. Nada é mais importante! Isso envolve características como disciplina, honestidade, o ser passível de ser ensinado, humildade, lealdade e confiabilidade.

Autenticidade espiritual. A pessoa tem um coração que pertence totalmente ao Senhor? Será que ela tem uma vida devocional vital e compartilha sua fé com os outros? "Porque, *quanto* ao SENHOR, seus olhos passam por toda a terra, para mostrar-se forte para com *aqueles* cujo coração *é* perfeito para com ele; nisso, *pois,* procedeste loucamente, porque, desde agora, haverá guerras contra ti" (2 Cr 16.9).

Adaptação ao ministério. O que as pessoas fazem reflete o que são — os dons espirituais, o temperamento, a paixão, a personalidade e o histórico.

Adaptação à equipe. Os membros da equipe que gostam uns dos outros e se beneficiam de estar juntos uns com os outros trabalham bem juntos e produzem muitos frutos.

John C. Maxwell, em seu livro *Developing the Leaders Around You* [Desenvolvendo os líderes ao seu redor], afirma que quando escolhe os líderes, ele procura pessoas que —

1. Conhecem seu coração, e isso leva tempo.
2. São leais a ele, pois são a extensão dele e de seu trabalho.
3. São confiáveis, não abusam da autoridade, nem do poder e, tampouco, das confidências.
4. Têm bom discernimento, pois tomam decisões por ele.
5. Têm o coração do servo, pois carregarão um fardo pesado.
6. São bons pensadores, pois duas cabeças pensam melhor que uma.
7. São capazes de dar andamento nas atividades, assumindo a autoridade e levando adiante a visão.
8. Têm o coração voltado para Deus, pois essa é a força motriz na própria vida de John C. Maxwell.[4]

Passo 5: Forme a equipe

George Barna, pesquisador da igreja, relata que um em cada 24 adultos — 24% deles — apresentam-se para trabalhar como voluntários na igreja em seu tempo livre. Mobilizar esse grande exército de voluntários é a chave para o sucesso da igreja local.

Alguns importantes procedimentos devem ser considerados quando você quiser formar suas equipes:

- Dê uma chance a todos.
- Seja claro em relação às tarefas no ministério.
- Crie objetivos ministeriais que possam ser mensurados.
- Delegue tarefas com permissão para fracassos e falhas.
- Exija prestação de contas em todas as esferas do ministério.
- Avalie e aperfeiçoe com frequência. (Os planos do ministério devem ser testados em relação à visão geral do plano da igreja.)
- Esteja preparado para fazer ajustes.
- Determine-se a perseverar.

Passo 6: Forneça treinamento adequado

Os líderes militares não pensariam em enviar as tropas para a batalha sem o devido treinamento. E os líderes da igreja também não devem fazer isso. As pessoas leigas, a fim de estarem preparadas para as tarefas do ministério, precisam de treinamento. "Ou qual é o rei que, indo à guerra a pelejar contra outro rei, não se assenta primeiro a tomar conselho sobre se com dez mil pode sair ao encontro do que vem contra ele com vinte mil?" (Lc 14.31).

A igreja, em razão dos próprios horários e cronogramas, tem horários de treinamento integrados à rotina. A Escola Dominical, os cultos no meio da semana, as aulas antes do culto e outras oportunidades podem se transformar em locais para o "treinamento básico" para os recrutas do ministério de equipes de ação. A resistência para romper as estruturas tradicionais pode ser superada com a apresentação dos fundamentos minuciosos a fim de ensinar toda a congregação sobre a importância das equipes e de seu mandato bíblico.

Os horários de treinamento podem incluir apresentações audiovisuais, tarefas em sala de aula, palestras com visitantes, momentos para debates, momentos informais durante um lanche ou almoço e, é claro, a prática da tarefa. Todos os esforços devem ser feitos para fazer com que as sessões de treinamento sejam muito profissionais, ainda que pessoais.

O pastor treinador, na sala de aula, jamais sabe qual pode ser o potencial ministério que se destacará em sua atuação. A revista *The Free Methodist* [O metodista livre] apresentou os seguintes exemplos:

1. Um garoto de seis anos chegou em casa com uma observação do professor em que este afirma que seria bom que essa criança saísse da escola porque é muito "burra para aprender alguma coisa". Esse garoto era Thomas A. Edison, o inventor da lâmpada elétrica.
2. O avô de Alfred Tennyson, um grande poeta, deu-lhe o equivalente a dez centavos por ter escrito o discurso fúnebre da avó. Ao entregar a moeda para o rapaz, esse homem idoso lhe disse: "Aí está — essa foi a primeira quantia que recebeu por sua poesia e, acredite-me, será a última".
3. A sogra de Benjamin Franklin, jornalista e editor, hesitou em permitir que sua filha se casasse com um tipógrafo. Já existiam duas tipografias nos Estados Unidos, e ela temia que o país não teria demanda para uma terceira.

Passo 7: Reconheça publicamente os escolhidos

A conclusão do tempo de treinamento é um período maravilhoso para reconhecer publicamente a equipe e os esforços de treinamento do ministério de equipes de ação. Todos amam uma celebração! Um culto de domingo à noite, por exemplo, pode incluir uma apresentação do mandato bíblico para ministrar e comissionar uma equipe. O período de adoração pode ser um momento maravilhoso para apresentar o plano de salvação para os convidados da equipe nesse culto de comissionamento.

O ex-presidente Jimmy Carter, em seu livro *Sources of Strength* [Fontes de força], relembra seu caminhar pela Pennsylvania Avenue com os membros de sua família logo após sua posse como presidente. A mãe de Jimmy Carter recebeu a instrução para não parar para responder às perguntas dos repórteres, mas ela ignorou o aviso e respondeu a um repórter que lhe perguntou: "Sra. Lillian, a senhora está orgulhosa de seu filho?"

O presidente disse que sua mãe apenas respondeu: "De qual deles?"

Certamente, seu ministério de equipes de ação deve entender que o "solo fica na altura do pé da cruz" — que todos nós fomos adotados no mesmo Corpo. Contudo, um pouco de reconhecimento para o compromisso e o esforço dos membros da equipe é uma ajuda quando o fardo do ministério ficar pesado e surgirem os momentos de desencorajamento. Assim, eles podem olhar em retrospectiva para o comissionamento para o serviço no ministério como um ponto de referência.

Paulo encorajou a Igreja a reconhecer aqueles que merecem esse reconhecimento: "Portanto, dai a cada um o que deveis: a quem tributo, tributo; a quem imposto, imposto; a quem temor, temor; a quem honra, honra" (Rm 13.7).

Passo 8: libere a equipe para o ministério

Uma igreja batista voltou seu olhar para um conhecido homem carente na comunidade. Convidaram repetidas vezes esse homem para vir à igreja, mas este sempre recusava o convite, dizendo que não tinha roupas boas para vestir.

Por fim, alguns membros da igreja decidiram fazer algo em relação à desculpa de suas roupas. Convidaram-no para ir a uma loja de departamentos na região e compraram um belo terno, camisa, gravata e sapatos. "Bem!", disse o entusiasmado comitê, "esperamos você na igreja no próximo domingo".

Domingo chegou, e nem sinal do homem com as roupas novas. O pastor o parou na semana seguinte e perguntou-lhe por que não viera à igreja. "Bem, a verdade é que, reverendo, quando me olhei no espelho, achei que estava muito elegante e resolvi ir à Primeira Presbiteriana!"

Seu ministério de equipes de ação pode estar bem vestido e bem treinado e ser bem reconhecido nas áreas designadas. A terrível tendência em algumas igrejas é gastar muito tempo no treinamento e não o suficiente na implementação.

O pastor treinador já deu à equipe a "tarefa com autoridade para realizá-la". Os membros da equipe sabem que têm autoridade para ministrar dentro dos parâmetros da descrição de sua tarefa. Agora é hora de fazer a equipe sair do vestiário para entrar em campo.

Os pastores treinadores têm de resistir ao impulso da microadministração. Os líderes do ministério de equipes de ação devem ter tempo e espaço suficiente para liderar as equipes sem ficarem paranoicos. Precisam aprender a perseverar no "calor da batalha".

Og Mandino apresenta um grande exemplo do que pode acontecer com a perseverança. Ele conta a história de Raphael Solano e seus companheiros que procuravam diamantes no leito seco de um rio. Solano, desanimado, disse que já havia recolhido 999.999 rochas e estava desistindo. Seus companheiros disseram: "Recolha uma mais e chegue a um milhão". Essa milionésima rocha foi "A Libertadora", o diamante mais puro e maior já encontrado. Og Mandino escreve: "Acho que ele [Solano] deve ter sentido a felicidade que vai além do financeiro. Ele estabelecera seu curso e objetivo; as possibilidades estavam contra ele; perseverou e venceu. Ele não só fez o que se propusera fazer — o que em si mesmo já é uma recompensa—, mas também fizera tudo enfrentando o fracasso e a obscuridão".[5]

Passo 9: conduza uma breve sessão de relato da missão

Depois de o ministério de equipes de ação completar a primeira tarefa, é hora de reuni-los para o relato da missão. Esse é um bom local e momento para discutir os temores, as falhas e os triunfos em um ambiente não ameaçador.

Também é um bom momento para dar um tapinha nas costas dos membros pela "boa tentativa" na execução da tarefa.

Todos nós gostamos que nossos esforços sejam reconhecidos. O encorajamento que oferecemos para nossa equipe depois da primeira tarefa pode muito bem estabelecer o tom para todos os futuros empreendimentos.

Foi o presidente Gerald Ford que assinou o projeto de lei promovendo postumamente George Washington à patente de general seis estrelas. O congresso conferiu a patente para o homem que se tornaria o primeiro presidente em um projeto de lei aprovado em 3 de março de 1799, mas o presidente àquela época jamais conseguiu submeter o nome de George Washington para a confirmação do Senado.

Um pastor treinador eficaz ou líder de equipe sempre demonstra o apreço pelo departamento!

Compreendendo as prioridades do ministério

Considere esse relato de um comitê em sua busca por um pastor:

> Em nossa busca por um pastor, os seguintes esboços foram desenvolvidos para leitura cuidadosa. De todos os candidatos exami-

nados pelo comitê, apenas um apresentava as qualidades necessárias. A lista contém os nomes dos candidatos e o comentário sobre cada um deles, caso você esteja interessado em investigá-los mais a fundo para futuras substituições de pastores:

Noé: tem 120 anos de experiência em pregação, mas nenhum convertido.

Moisés: gagueja, e sua antiga congregação diz que ele perde a cabeça por causa de questões triviais.

Abraão: fugiu para o Egito durante um período difícil. Ouvimos dizer que ele teve problemas com as autoridades e depois tentou mentir para se safar de quaisquer possíveis consequências.

Davi: tem um caráter moral inaceitável. Poderia ser considerado ministro de música, caso não tivesse caído.

Salomão: tem a reputação de ser sábio, mas não pratica o que prega.

Elias: comprovou ser inconsistente e cruzou os braços diante da pressão.

Oseias: sua vida familiar está totalmente desestruturada. Divorciou-se de uma prostituta e, mais tarde, casou-se com ela de novo.

Jeremias: ele é muito emotivo, uma alarmista; algumas pessoas dizem que é um chato de galocha.

Amós: proveniente de uma região rural. Sai-se melhor colhendo figos.

João: diz que é o Batista, mas não tem tato e veste-se como um *hippie.* Não se sentiria bem em uma festa da comunidade em que cada um traz um prato de comida para celebrar.

Pedro: é mal-humorado e ouvi dizer que chegou até mesmo a negar publicamente Cristo.

Paulo: não tem tato. É muito duro, sua aparência é desprezível, e os sermões são muito longos.

Timóteo: Tem potencial, mas é muito jovem para a posição.

Judas: parece ser muito prático e cooperativo, administra bem o dinheiro, cuida dos pobres e veste-se bem. Todos nós concordamos que ele é exatamente a pessoa a quem procuramos para preencher a vaga de pastor sênior.

Obrigado por tudo que fizeram para nos auxiliar com nossa busca por um pastor.

Atenciosamente,

O comitê de busca por um pastor.

Embora esse comitê possa ser considerado o mais rigoroso de todos, um pastor treinador que compreende como priorizar o ministério na igreja local sempre ocupará um lugar altíssimo na mente de seus líderes.

Quando perguntaram a Babe Ruth, uma lenda do beisebol, como ele conseguia sempre se sair bem nas rebatidas — como conseguia chegar à posição do taco e conseguir a rebatida que ganhava a partida.

Babe Ruth respondeu de forma muito simples: "Não tiro os olhos da bola".

O ministério que quer ganhar a partida foca as prioridades. E a primeira delas é buscar primeiro o Reino de Deus e sua justiça (Mt 6.33).

As áreas a seguir são vitais e merecem a máxima prioridade para o estabelecimento do ministério de equipes de ação:

Contexto do ministério. A família da igreja tem de entender por que os pastores fazem o que fazem.

Fatores que afetam o sucesso do ministério. Todos os obstáculos devem ser tratados com os principais ministérios de equipes.

Planos de ação. Os membros da equipe de ministério tem de ter uma voz no desenvolvimento de estratégias-chave e nos prazos do cronograma para a implementação de ministérios de equipes.

Monitoramento, revisão e avaliação. Uma forma de avaliação deve ser criada para monitorar e rever o progresso das equipes do ministério.

O legado da liderança de John Wooden

John Wooden, treinador da equipe de basquete da UCLA, obteve esta extraordinária marca: vitória em oitenta partidas seguidas, vitória em 36 finais e dez campeonatos nacionais. Ele, citando o trabalho em equipe como o fundamento para a vitória, oferece os seguintes parâmetros:

Juntos. Precisamos de empatia por todos os membros da equipe.

Participação. Precisamos participar no auxílio aos outros.

Maturidade. Precisamos de maturidade a fim de saber lidar com os problemas.

Disposição. Precisamos estar dispostos a trabalhar juntos em harmonia.

Organização. Precisamos da organização apropriada a fim de termos um desempenho suave e tranquilo.

Respeito. Precisamos do respeito adequado pelo treinador e pelos outros jogadores da equipe.

Gentileza. Precisamos de gentileza por todas as pessoas com as quais entramos em contato.

Além disso, John Wooden sempre enfatizou que "uma equipe é um grupo de pessoas trabalhando juntas para um propósito comum". Um grupo de pessoas que desconhece seu propósito comum não é uma equipe — apesar de até mesmo se denominarem como tal. Uma verdadeira equipe conhece seu chamado. Assim como a filosofia de John Wooden trouxe resultados mensuráveis para a quadra de basquete, também o trabalho em equipe na igreja obterá resultados tangíveis — de crescimento em crescimento.

As organizações sem fins lucrativos acham difícil responder à seguinte pergunta: "Quais, portanto, são os resultados em nossa instituição?"

– Peter Drucker

Dicas para estruturação da equipe

- Treine de forma multifuncional os líderes da equipe para que desempenhem inúmeras funções do ministério.
- Crie expectativas e compreensões comuns para todos os membros da equipe.
- Elimine os empreendimentos repetidos do ministério de equipe.
- Use o consenso na tomada de decisões a fim de estabelecer as prioridades da equipe.
- Celebre os "dias especiais" com os colegas de equipe.
- Avalie a eficácia da equipe.
- Faça com que os líderes da equipe se responsabilizem pelas decisões tomadas.
- Peça afirmações positivas dos colegas de equipe negativos.
- Mostre respeito pelas famílias dos membros da equipe.
- Inclua os objetivos com avaliações.
- Dê um aumento salarial à equipe pastoral assalariada fundamentado no desempenho da equipe.
- Faça uma reunião em que todos participam, como se fosse uma competição todos contra todos, para reunir ideias para o ministério.

5

O ajuste fino do ministério de equipes de ação

E nós, cooperando também com ele, vos exortamos a que não recebais a graça de Deus em vão.

— 2 CORÍNTIOS 6.1

David Lattimer, meu treinador de basquete na faculdade, foi um dos treinadores mais eficazes para quem joguei. Ele compreendia os pontos fortes e os pontos fracos de todos os membros da equipe. Ele sabia que meu irmão, Terry, era um grande arremessador e armador. Também sabia que eu era um grande jogador de beisebol usando roupas de basquete! Quando em geral me enviava para a quadra, dizia: "Stan, lembre-se de duas coisas: primeiro, descubra quem faz mais pontos e faça faltas nele até você completar suas cinco faltas e sair do jogo! Não permita que ele entre no seu garrafão para fazer cestas! E segundo, seja o que for que você fizer, jamais arremesse, a não ser que seja arremesso livre. Mas seja cuidadoso!" Francamente, de início não compreendia por que não podia fazer arremessos como meu irmão Terry. Entretanto, percebi, por fim, que meu papel era muito importante para a equipe. Jamais ficava muito tempo na quadra, mas era importante porque parava algumas jogadas maravilhosas de meus oponentes. Por fim, percebi que contribuía de forma eficaz para uma equipe vitoriosa!

Celebre a singularidade

Bill Walton, um lendário jogador de basquete, disse: "No basquete, você pode ser o melhor jogador do mundo e perder todas as partidas porque uma equipe sempre consegue derrotar um indivíduo". A equipe ministerial da igreja é o instrumento de Deus para suprir as necessidades das pessoas em sua comunidade bem como na igreja. Sua responsabilidade como pastor treinador é encorajar as pessoas leigas a exercitar os dons espirituais que Deus lhes deu em um esforço de equipe para suprir essas necessidades.

O treinador David Lattimer obviamente reconhecia minhas habilidades limitadas e descobriu a melhor posição para mim na equipe. Da mesma forma, se for para as equipes da igreja serem bem-sucedidas, o pastor treinador tem de encorajar a equipe a ser entusiasta sobre seus talentos singulares e suas áreas especializadas no ministério.

Defina o sucesso em termos práticos

Não é o que as pessoas leigas são que as impedem de seguir em frente, mas o que pensam que não são. Muitos leigos vivem muito abaixo de seu potencial. Outros vivem em conformidade com seu potencial, mas a autoestima é tão baixa que não percebem essa realidade. São muito mais bem-sucedidas do que realmente pensam que são.

A tarefa do pastor treinador é desenvolver o potencial dos membros da equipe no ministério ao torná-los conscientes do que realmente é o verdadeiro sucesso. As pessoas "bem-sucedidas" são as que descobriram a vontade de Deus e vivem de acordo com ela da melhor forma possível conforme suas habilidades. Já foi dito de forma muito sábia: "Conhecer a vontade de Deus é o maior conhecimento; fazer a vontade de Deus é a maior realização".

Quando um pastor tem uma congregação em que todos fazem a vontade de Deus, será mais fácil recrutar os membros para o ministério de equipes de ação. Uma vez que a igreja local funciona como uma empresa, Glenn M. Parker apresenta as características de uma empresa bem-sucedida em seu livro *O poder das equipes,* e elas são muitíssimo relevantes. São as seguintes:

Propósito claro. A visão, a missão, o objetivo ou a tarefa da equipe é definida e aceita por todos. A declaração da missão é seguida por um plano de ação.

Informalidade. O clima tende a ser informal, confortável e relaxado, sem tensões óbvias nem sinais de tédio.

Participação. Há muita discussão, e todos são encorajados a se envolver.

Atenção para ouvir. Os membros usam técnicas eficazes como questionar, parafrasear e resumir para entender as ideias.

Desacordo civilizado. Há desacordos, mas a equipe sente-se confortável com isso e não demonstra sinais de evitá-los, encobri-los ou suprimi-los.

Consenso na tomada de decisões. Para decisões importantes, o objetivo é substancial, mas não necessariamente um acordo unânime. Isso se fundamenta na discussão aberta da ideia de todos e evita o voto formal ou as concessões fáceis.

Comunicação aberta. Os membros da equipe sentem-se livres para expressar seus sentimentos sobre as tarefas como também sobre a forma de operar do grupo. Há poucos programas ou planos escondidos. A transmissão das ideias ou formas de ação acontece sempre tanto nas reuniões fechadas quanto fora dessas reuniões.

Papéis e tarefas claros. Há expectativas claras sobre os papéis a ser desempenhados por cada membro da equipe. Quando a ação for tomada, tarefas claras são estipuladas, aceitas e executadas. O trabalho é distribuído de forma justa entre os membros da equipe.

Liderança compartilhada. Enquanto as equipes têm um líder formal, as funções de liderança mudam de tempos em tempos, dependendo das circunstâncias, das necessidades do grupo e das habilidades dos membros. Os modelos formais de líder modelam o comportamento apropriado e ajudam a estabelecer normas positivas.

Relacionamentos externos. A equipe gasta tempo desenvolvendo relacionamentos cruciais fora do grupo, mobilizando recursos e edificando a credibilidade com importantes jogadores em outras partes das organizações.

Diversidade de estilo. A equipe tem um amplo espectro de tipos de jogadores.

Autoavaliação. A equipe para periodicamente a fim de examinar como está se saindo em seu funcionamento e o que pode estar interferindo com sua eficácia.[1]

A empresa Ford, a fim de tentar reverter a tendência do consumidor norte-americano em relação às compras importadas, fez um movimento ousado. Desenhou um carro de tamanho médio e o montou de uma forma totalmente nova. A Ford, tradicionalmente, fazia esboços e os passava para os departamentos de montagem. Por anos a fio, os desenhistas faziam esboços que eram passados para os departamentos de montagem. As vendas recebiam o produto final e tinham de imaginar uma forma de vendê-lo.

Dessa vez formou-se uma equipe para lidar com o projeto desde o início. Os chefes de departamento se reuniram e pediram para que uma lista com os desejos para um carro perfeito fosse feita. Desse ponto em diante, a equipe de montagem trabalhou para executar os desejos da equipe que lançara a visão desse novo carro. O resultado foi um produto Ford campeão de vendas. Mais de um milhão de unidades do carro ganhador de prêmios, o Taurus, foram vendidas nos primeiros quatro anos.

Esses indivíduos especialistas não foram bem-sucedidos enquanto trabalhavam sozinhos. No entanto, ao trabalhar em equipe, esses mesmos indivíduos talentosos realizaram seu objetivo maravilhoso. Por quê? Nas palavras de Bill Walton: "Porque uma equipe sempre consegue derrotar um indivíduo".

Procure os ingredientes essenciais

A revista *Botton Line* [Resultado Final] enumera os ingredientes essenciais que todas as equipes bem-sucedidas têm em comum.[2]

Propósito compartilhado. Primeiro, o líder incita um senso de propósito compartilhado. Ray Stato, diretor da Analog Devices Line, afirma: "O líder tem de criar um senso de propósito, ter clareza de visão e estar convicto de que os indivíduos da equipe são de primeiríssima qualidade". A sinergia é criada quando cada membro da equipe compartilha a visão da equipe.

Objetivos da equipe. Segundo, todos os objetivos se transformam em objetivos da equipe. A menos que toda a equipe vença, ninguém vence! As realizações individuais são maravilhosas para o livro dos recordes, mas, na realidade, são um pensamento posterior. A equipe do Boston Celtics venceu dezesseis campeonatos da NBA [Associação de Basquete Nacional dos Estados Unidos] e nunca conseguiu ter um cestinha da liga. Os bons líderes falam na primeira pessoa do plural: "Precisamos..."; "Nosso prazo final..."; "A tarefa diante de nós...".

Liberdade individual. Terceiro, a individualidade é celebrada. O trabalho em equipe não ignora a individualidade. Todos têm uma personalidade única, habilidades distintas e esperanças e temores determinados. A atleta olímpica Mary Lou Retton disse certa vez: "Um líder talentoso lembra-se dessas diferenças, aprecia-as e usa-as para o benefício da equipe".

Responsabilidade compartilhada. Quarto, a responsabilidade, tanto a do indivíduo quanto a da corporação, é compartilhada. Os projetos pertencem à equipe. As soluções podem surgir no grupo, e essa participação deve ser bem acolhida. Contudo, as decisões impostas ou ordenadas não devem estar no topo da lista. A equipe precisa resolver o problema.

Glória compartilhada e aceitação. Quinto, a glória compartilhada é acompanhada pela aceitação da culpa. Quando a equipe se sai bem, todos seus membros se beneficiam. Compartilhe a glória, quer com um tapinha nas costas, quer com um bônus, quer com uma nota no boletim da igreja. Qualquer que seja a forma desse reconhecimento, cada um dos membros da equipe deve receber uma parcela generosa dele. Al Abrour, ex-treinador da equipe de hóquei no gelo, New York Islanders, costumava dizer o seguinte sobre seu estilo de treinamento: “Elogio em público, critico em particular”.

Edificação da confiança. Sexto, a edificação da confiança é um empreendimento contínuo. Um grande líder acredita firmemente na equipe. Quando o líder está sempre transmitindo confiança positiva em relação à equipe, um sentimento se desenvolve entre os membros da equipe que não querem desapontar o líder ou o grupo.

O pastor padrão gasta dez horas por semana em reuniões. A congregação padrão gasta noventa pessoas-horas considerando se deve ou não dar início a um novo ministério, apenas para recusar a maioria deles.

– William Easum

Um plano de partida para o sucesso

- Desenvolva uma fórmula para vencer.
- Posicione as pessoas para o sucesso.
- Foque a vitória.
- Ajuste hoje para que possa vencer amanhã.

Resolvam os problemas juntos

Uma das funções mais importantes das equipes altamente eficazes é descobrir a direção a ser seguida e resolver problemas — todos os membros juntos. As equipes podem encontrar com maior facilidade as respostas para os problemas ao usar um simples processo de oito passos:

1. Discutir a história da situação.
2. Estabelecer o plano de ação.
3. Determinar as potenciais armadilhas.
4. Dialogar sobre os possíveis métodos.
5. Perguntar: “Qual será o caminho mais eficaz?”
6. Compartilhar as informações com a equipe.
7. Dar início de imediato!
8. Monitorar os resultados.

Robert B. Maddux insiste para que as técnicas de solução de problemas sejam ensinadas em todas as esferas da organização. Ele recomenda o seguinte processo.[3]

Apresente o aparente problema. Primeiro, apresente o que *parece* ser o problema. O problema real pode não vir à tona até que os fatos sejam reunidos e analisados. Portanto, comece com a suposição de que ele possa ser confirmado ou corrigido mais tarde.

Colha informação. A seguir, procure saber os fatos, os sentimentos e as opiniões. O que aconteceu? Onde, quando e como aconteceu? Qual é o tamanho e a severidade "real" do problema? Quem é afetado por ele? É provável que volte a acontecer de novo? Precisa realmente ser corrigido? Tempo e gasto podem exigir que os solucionadores de problemas pensem sobre a necessidade real e estipulem as prioridades para os elementos mais críticos.

Reapresente o problema. Depois, reapresente o problema reinterando os fatos que podem prover dados de apoio para a solução. O problema real pode ser o mesmo identificado no início ou não.

Identifique as soluções. A seguir, identifique soluções alternativas. Gere ideias. Não elimine nenhuma das possíveis soluções até que várias delas tenham sido discutidas.

Avalie as alternativas. Quais alternativas fornecem a solução ideal? Quais são os riscos? Os custos estão de acordo com os benefícios? Será que a solução criará novos problemas?

Implemente a decisão. Depois passe para a ação. Quem deve se envolver nessas ações? Até que ponto? Como, quando e onde? A quem a decisão impactará? O que pode dar errado? Como os resultados podem ser relatados e verificados?

Avalie os resultados. Por fim, teste a solução com os resultados desejados. Modifique a solução caso resultados melhores sejam necessários.

Modele o melhor dos melhores

Um bom exemplo do ministério de equipes de ação altamente eficaz é o da Glasgow Reformed Presbyterian Church [Igreja Presbiteriana Reformada de Glasgow]. Essa igreja usa equipes fundamentadas nas igrejas em casa como a forma principal para alcançar os perdidos. A fim de fazer isso, desenvolveram duas equipes específicas.

1. Eventos para conhecidos

Os eventos para conhecidos, denominados por eles por AMEs, tem o propósito de apresentar amigos sem igreja para outros membros da igreja. Esses eventos acontecem em geral em grupos maiores (mais que oito pessoas) e jamais em um encontro a dois e a sós. São eventos planejados e organizados de antemão. São reuniões sociais, como piqueniques, refeições ao ar livre, festas, eventos de hospitalidade e chás vespertinos. Em geral acontecem fora da igreja. O propósito é simples: ajudar a desenvolver um relacionamento de três vias ou lançar pontes de amizade entre o membro da igreja, seus amigos não salvos ou sem igreja e os outros membros do grupo. Quando planejar os AMEs, os leigos tem de se lembrar de quatro regras básicas.

1. Certificar-se de que os amigos não salvos ou sem igreja sejam convidados todas as vezes que o grupo tiver algum evento social.
2. Ser cuidadoso para não ser muito insistente.
3. Certificar-se de que os membros da igreja se misturem com os recém-chegados e não os ignorem.
4. Ser paciente.

2. Atividades para o fortalecimento do relacionamento

As atividades para o fortalecimento do relacionamento, ou FIRMEs, são atividades cujo propósito é desenvolver, cultivar, fortalecer e estruturar relacionamentos de confiança entre os amigos sem igreja ou não salvos e os membros da igreja. Essas atividades em geral acontecem em pequenos grupos (quatro ou menos pessoas) ou até mesmo em um encontro de apenas duas pessoas, a sós. Essas atividades são mais informais que os AMEs porque são menos planejadas, mais espontâneas e podem incluir atividades como fazer compras, jantar fora ou assistir a uma partida de futebol pela televisão. As pessoas leigas, quando são envolvidas nesse tipo de atividade, não devem evitar ficar alertas e ansiosas a fim de encontrar o momento certo para conduzir a conversa para a apresentação do evangelho. Antes, devem permitir que Deus abra a oportunidade para que tudo ocorra com naturalidade. Seja uma boa testemunha em todos os momentos — nos entretenimentos, na forma como se conduz e nas vestimentas. Não condene nem deprecie o estilo de vida dos amigos.

Essa abordagem ajuda a impedir que os cristãos ajam sozinhos em seus esforços para cumprir a Grande Comissão. O grupo trabalha junto como uma equipe de evangelismo para apoiar uns aos outros, orar por seus amigos perdidos e criar um ambiente necessário de amizade para apresentar os recém-chegados a Cristo e a sua Igreja. Os eventos para conhecidos e as atividades de fortalecimento do relacionamento são formas maravilhosas para trazer aqueles que buscam e os que não buscam para a esfera de influência da igreja.

Aprenda com as equipes que disputam campeonatos

O campeonato de iatismo dos Estados Unidos faz com que os melhores velejadores enfrentem as forças da natureza, obrigando-os a grandes esforços enquanto representam seus países. Os esforços para construir o melhor veleiro seriam inúteis sem uma tripulação. O barco não pode velejar por si mesmo. E sem um capitão, a tripulação ficaria sem a direção necessária para executar suas tarefas.

E a mesma coisa acontece com o pastor treinador e o ministério de equipes. Os pastores — da mesma forma como acontece com o ministério para alcançar pessoas para Cristo que utiliza os eventos para conhecidos, AMEs, com as atividades de fortalecimento do relacionamento, as FIRMEs, mencionado acima — precisam de leigos para que tragam os amigos para ouvir os sermões que eles prepararam. De forma similar, os leigos precisam do pastor para pregar esses sermões para os amigos que trouxeram para a igreja. O pastor e os leigos (capitão e tripulação) precisam trabalhar juntos. Um trabalho em equipe muito bem coordenado é a chave para o ministério eficaz da igreja.

Assim como o capitão do veleiro encoraja a tripulação a atuar da melhor forma possível, também os pastores treinadores têm de tomar a iniciativa para moldar a congregação para que seus membros formem uma excelente equipe. Por sua vez, o pastor treinador tem de estar disposto a aceitar o modelar de Deus para melhor suprir as necessidades da congregação.

Solução de problemas

Michael Costa, o celebrado maestro, estava em um ensaio. Quando o poderoso coro começou a cantar acompanhado por vários instrumentos, o músico do flautim achou que poderia ficar sem tocar e não ser descoberto, uma vez que havia muita música ao seu redor. De repente, o grande líder parou e berrou: "Onde está o flautim?" O som desse pequeno instrumento era necessário para a harmonia total da peça musical, e o ouvido do habilidoso maestro sentiu sua falta quando o flautim não foi tocado. E o mesmo acontece com nossa congregação. Todas as partes — incluindo a sua — têm de ser tocadas e estar bem afinadas ou, caso contrário, toda a congregação sofre.

E se uma parte desafinar ou se recusar a tocar seu instrumento por causa da divisão? Todo o trabalho árduo do pastor treinador pode ficar comprometido. Algumas vezes uma mudança para a estruturação da equipe pode acontecer sem percalços até ser destruída por problemas internos. Os líderes sábios ficam em alerta para essas barreiras que impedem o sucesso do ministério de equipe. A medicina preventiva é sempre a melhor política. Os líderes eficazes do ministério de equipe jamais esperam até a situação chegar a um impasse crítico antes de tomarem uma atitude. Fique atento a esses sinais de problema e ofereça remédios para que o obstáculo para o sucesso possa ser superado antes que façam algum dano para o ministério.

Fique alerta para os sinais de perigo

Um bom líder de equipe tem de ser capaz de reconhecer os sintomas de problemas no próprio grupo. Tim Rudlaff oferece os dez sinais de que sua equipe tem problemas subjacentes que precisam ser tratados.[4]

1. As reuniões ficam formais e tensas. Fique preocupado se os membros da equipe não parecem relaxados durante as reuniões. Os jogadores da equipe devem ser criativos e dinâmicos quando estão juntos. *Remédio:* abra todas as reuniões com oração, atividades para quebrar o gelo e uma história engraçada.

2. Os membros da equipe participam, mas não alcançam os resultados. Quando os membros da equipe parecem gostar da interação social, mas falham em alcançar muitos dos resultados esperados, isso representa um sinal de alerta. *Remédio:* designe um líder de equipe que seja um empreendedor.

3. Os membros da equipe falam, mas não se comunicam. Algumas pessoas não querem ouvir — só querem falar. As comunicações devem ser uma interação de dar e receber. *Remédio:* peça para que a equipe resuma o que foi dito. Designe um relator para a equipe que anotará todas as informações vitais que foram compartilhadas.

4. As disputas são resolvidas em particular depois da reunião da equipe. As equipes saudáveis discutem abertamente assuntos referentes a suas diferenças. As discussões em particular sobre as questões envolvidas criam rapidamente desconfiança. *Remédio:* as informações e opiniões sobre o desempenho devem ser compartilhadas só quando toda a equipe estiver presente.

5. O líder da equipe toma a maior parte das decisões. Isso pode acontecer se o líder for muito agressivo ou os membros da equipe forem muito quietos. Cada um dos membros deve fazer sua contribuição — e essa é a razão por que o grupo se chama equipe. *Remédio:* peça para o líder da equipe manter uma lista dos envolvidos no processo e compartilhá-la mensalmente com o pastor sênior.

6. Os membros da equipe não confiam uns nos outros. Quando uma equipe está se formando, pode-se esperar essa atitude. Entretanto, a falta de confiança é um problema sério. *Remédio:* designe apenas líderes confiáveis.

*7. **A confusão existente quanto aos papéis do ministério.*** Sempre que houver desentendimento ou conflitos sobre as tarefas, as coisas precisam ser esclarecidas rapidamente. *Remédio:* distribua cópias da descrição de todas as tarefas do ministério.

8. Os membros da equipe embaraçam e criticam uns aos outros publicamente. Se alguma opinião ou crítica legítima precisa ser discutida, isso tem de ser feito em particular — nunca em frente de outros membros da equipe. *Remédio:* confronte os líderes da equipe com cuidado e consideração. Enfatize a importância do apreço pelos membros da equipe.

9. As coisas prometidas não são feitas. Em geral, isso indica desconfiança ou um espírito de pouco caso e indiferença em relação à equipe, servindo para abater o moral de todos. *Remédio:* estabeleça as diretrizes de prestação de contas e peça atualizações periódicas.

10. A confiança é quebrada. Isso leva os membros da equipe a perder o respeito uns pelos outros. Tornam-se relutantes em falar, pois temem o que seus colegas de equipe farão com essa informação. *Remédio:* encontre rapidamente um novo líder para a equipe.

> Em quem [em Cristo] também vós *estais,* depois que ouvistes a palavra da verdade, o evangelho da vossa salvação; e, tendo nele também crido, fostes selados com o Espírito Santo da promessa; o qual é o penhor da nossa herança, para redenção da possessão *de Deus,* para louvor da sua glória. Pelo que, ouvindo eu também a fé que entre vós há no Senhor Jesus e a vossa caridade para com todos os santos, não cesso de dar graças *a Deus* por vós, lembrando-me de vós nas minhas orações, para que o Deus de nosso Senhor Jesus Cristo, o Pai da glória, vos dê em seu conhecimento o espírito de sabedoria e de revelação. (Ef 1.13-17)

Evite a imposição de dons

A imposição de dons é a atitude de forçar seu próprio dom espiritual para a aceitação de outra pessoa e tentar obrigar essa pessoa a agir como se esse fosse o dom que Deus lhe conferiu. Por exemplo, as pessoas que impõe dons querem que todo o corpo seja um "olho" — ou qualquer outro membro do corpo que eles mesmos são. Esses indivíduos falham em reconhecer a diversidade de dons do Corpo de Cristo e, em razão disso, forçam os outros cristãos a funcionar em áreas para as quais Deus não lhes deu o dom.

As pessoas que impõem um dom dão a impressão de que a área do ministério para a qual Deus lhes deu o dom é superior a todas as outras.

Na realidade, algumas pessoas não só dão essa impressão de forma sutil, mas também declaram abertamente que existe apenas um dom — e esse dom pertence a elas. Aqueles que impõem o dom acabam por ser os portadores de muita frustração, desencorajamento e falsa culpa entre outras consequências para os membros da equipe.

As pessoas que impõem o dom também usam a culpa para fazer com que os outros sejam forçados a aceitar esse dom. Tentam fazer com que os outros sintam que não estão corretos diante de Deus a menos que se envolvam com o mesmo ministério que o delas. Por exemplo, algumas pessoas têm o dom do evangelismo. São motivadas e absorvidas por levar pessoalmente as outras pessoas a Cristo. Testemunham com panfletos e confrontam as pessoas nas ruas, nos consultórios médicos, nos ônibus — em qualquer lugar e a qualquer hora. Os evangelistas, quando encontram irmãos cristãos com outros dons — o dom de servir ou o dom da misericórdia, por exemplo — e percebem que essas pessoas não estão nas ruas testemunhando como eles e as acusam de não ter "o compromisso com as almas perdidas".

Na realidade, a avaliação desses evangelistas pode estar muito longe da verdade. Alguém com o dom da misericórdia pode de fato ser responsável por muitas pessoas virem para Cristo. E os que servem podem abrir portas que os evangelistas desejariam ter aberto. Nenhum cristão que use seu dom de forma apropriada deve se sentir culpado por não ter o mesmo dom que outra pessoa.

A imposição de dons funciona de duas formas básicas: primeiro, tentam convencer os outros de seu grande fardo; segundo, tentam convencê-los repetindo a mesma mensagem — transformam-se em um violão com uma corda só, reafirmando o mesmo tema semana após semana. Isso faz com que muitos cooperadores em potencial se afastem e que aqueles cooperadores que ficam achem que esse dom ou ministério imposto é a única coisa que existe.

O remédio para essa condição é falar com a pessoa que impõe seus dons aos outros. O seguinte conselho é bom tanto para o que impõe seu dom quanto para a pessoa que pode sentir-se pressionada a aceitar o dom de outros: todos nós temos heróis na obra de Deus, pessoas que consideramos maravilhosas e excepcionais por causa de sua posição e realizações. A igreja precisa da manifestação de cada dom. Você tem de prestar contas do dom que Deus lhe deu — e não para o chamado de Deus para a vida de outra pessoa.

Para que aquele que impõe seu dom compreenda seu lugar único no ministério, o pastor treinador quer ajudar esse indivíduo a compreender vários princípios importantes do uso dos dons:

- Faça o que Deus o chamou a fazer.
- Transforme seu ministério pessoal seu assunto real de oração, permitindo que Deus revele seu lugar no ministério.
- Não permita que as pessoas lhe imponham seus dons e não gravite em torno daqueles que têm o mesmo dom que você nem faça grupinhos com eles.
- Não seja cego para os dons dos outros e não inveje os dons que Deus deu para alguma outra pessoa. O Senhor não cometeu nenhum engano quando lhe deu esse dom (veja 1 Co 12.18).

É fácil cair nas armadilhas de Satanás. Ele se especializa em levar as pessoas a extremos ruins em relação a coisas boas. Muito da culpa associada com o ministério cristão não é a convicção do Espírito Santo, mas a falsa culpa causada por não viver de acordo com as expectativas dos outros.

Lide com as questões de controle

À medida que a igreja cresce, o ministério de participação ativa do pastor tem de diminuir, e o ministério ativo da congregação tem de aumentar. Isso será especialmente difícil para pastores que sentem necessidade de controlar. A administração de cima para baixo, opressiva e ditatorial não serve mais para a sociedade atual. Não existe mais espaço para o pastor do tipo chefão. A disposição do pastor para passar para o sistema de ministério de equipes é crucial para a eficácia de um ministério na igreja.

As famosas características básicas da personalidade, conforme apresentadas por Florence Littauer, incluem aspectos sobre se o pastor tem problemas com o controle ou não. Examine essas características e avalie honestamente por si mesmo.

Fleumático

O fleumático não tem a menor dificuldade em permitir que os outros liderem. Por essa razão, o fleumático algumas vezes precisa assumir mais controle do que desejaria.

Melancólico

O melancólico perde-se facilmente nos detalhes mundanos e pode “turvar a água” para os líderes de equipes.

Sanguíneo

O sanguíneo só quer se divertir. A vida é uma festa! Quer que todos fiquem felizes e tende a ter mais interesse nas conversas e fazer amigos do que em realmente liderar.

Colérico

O colérico tem a tendência de ser mandão e acha difícil abrir mão do controle. Por exemplo, esse tipo de pessoa pode se transformar em um pastor controlador com as características apresentadas a seguir.

O pastor controlador

1. Tem a mentalidade do cavaleiro solitário. "Ninguém faz isso como eu faço!"
2. Limita a tomada de decisão a um pequeno círculo interno.
3. É centrado em si mesmo: "Ninguém se importa com as pessoas como eu!" Por exemplo, os pastores controladores raramente permitem que outras pessoas façam visitas a hospitais porque elas se sentiriam aprovadas por esse tipo de ministério.
4. Apresenta suas agendas e planos pessoais.
5. Tem a mentalidade de cão de guarda que resulta em comportamento crítico e negativo. Busca os erros, em vez de encorajar e servir como recurso.
6. É inflexível com os cronogramas, programas e inovações. "Tem de ser do meu jeito ou você está fora".

O remédio para o pastor controlador é focar a transformação para pastor treinador, pois este exibe as seguintes características:

1. Está sempre disposto a compartilhar a solução de problemas, a visão, as equipes de gerenciamento e as tomadas de decisão.
2. Desenvolve as diretrizes de como as equipes funcionam.
3. Valoriza os dons e os talentos dos membros da equipe.
4. Cumpre os acordos.
5. Transmite a missão.
6. É flexível.
7. Ouve e compreende a dinâmica da equipe.
8. Faz com que o ministério seja orientado para as pessoas.
9. Usa a Palavra de Deus como guia para o ministério. (Veja At 6 como um exemplo do abrir mão do controle para permitir que outros sirvam.)
10. Ajuda os cristãos a crescer em maturidade.

Estruturação da confiança

Algumas vezes um pastor acha difícil abrir mão do controle por causa de uma questão que tem que ver com a confiança — e a confiança é um fator muito importante para cultivar as equipes eficazes. Charles Handy enumera vários princípios da confiança que auxiliam o pastor controlador com a implementação do ministério de equipes de ação em que ele atua como pastor treinador.[5]

A confiança não é cega

Para confiar nas pessoas, precisamos conhecê-las. Leve o tempo necessário para desenvolver relacionamentos e laços com pessoas leigas.

A confiança exige aprendizado

Temos de nos abrir para novas ideias para fortalecer nossas equipes. Devemos saber como discernir — saber quando opinar e quando não devemos emitir nossas opiniões.

A confiança é difícil

Ganhar a confiança de sua congregação pode levar tempo e demandar esforço. Da mesma forma, leva tempo e esforço para estender a confiança para indivíduos leigos. Ore para que Deus lhe dê a força para confiar.

Tenha consciência dos comportamentos que satisfazem o próprio ego

Ruth N. Koch e Kenneth C. Haugk contam um incidente na carreira de Tom Landry, ex-treinador da equipe de futebol americano Dallas Cowboy. Depois de uma partida, estava fazendo uma preleção para seus jogadores sobre os comportamentos bizarros depois da marcação de cada ponto. Um dos jogadores dançou, outro saltou e ainda outro cravou a bola no chão.

Esse treinador disse com voz preocupada: “Ajam como se a zona final, a jarda antes de marcar o ponto, não fosse novidade para vocês!” O treinador queria que os jogadores fossem vistos como membros competentes de uma equipe, e não como indivíduos famosos ou habilidosos.[6]

Nada destrói mais rapidamente o trabalho em equipe que o egoísmo. Vários anos atrás, Lionel Ritchie, compositor e cantor, escreveu e produziu uma canção popular: *We Are the World* [Nós somos o mundo]. Convidou os expoentes da indústria musical para que cooperassem na gravação cuja finalidade era levantar dinheiro para pessoas que passavam fome. No dia da gravação, ele pôs um cartaz à entrada do estúdio: "Despache seu ego à porta". A mensagem de Lionel Ritchie era muito clara: o sucesso da gravação depende de todos trabalharem juntos para uma causa comum, em vez de você apenas fazer uma promoção pessoal.

Os líderes da equipe de ministério, da mesma forma, precisam compreender que os momentos de definição em sua vida podem muito bem ocorrer no contexto da vitória de uma equipe, em vez das realizações individuais. Pat Riley, treinador da equipe de basquete Miami Heat, disse certa vez: "A crença que me direciona é que o trabalho em equipe sensacional é a única forma para alcançar nossos momentos derradeiros, para criar os avanços que definem nossa carreira, para preencher nossa vida com o sentido de relevância duradoura".

Crie uma atmosfera de confirmação e aprovação

As palmeiras não crescem no Alaska. É muito frio nessa região. As plantas tropicais precisam de calor. As orquídeas não brotam no deserto. É muito seco para elas. As flores delicadas precisam de muita umidade. Se quiser que alguma planta cresça, tem de prover a atmosfera correta.

Isso parece óbvio? Nem sempre. Muitos líderes tentam criar uma equipe sem prover o clima apropriado. Os membros da equipe precisam de confirmação e aprovação a fim de vicejar. Faça-os sentir carência de reconhecimento e se secarão mais rápidos que um lírio asiático no clima tórrido da Tunísia. Contudo, se você lhes der bastante encorajamento, crescerão tão fortes quanto as sequoias e se multiplicarão como as abobrinhas.

Eis aqui como criar uma atmosfera de confirmação e aprovação para sua equipe.

Celebre o sucesso

Você vem investindo em um grande projeto há várias semanas. Os membros da equipe estão exaustos, mas o esforço valeu a pena. Seu grande dia chegou sem nenhum empecilho. Agora acabou, certo?

Não é bem assim. Você, como líder, tem ainda outra tarefa: celebrar esse sucesso com a equipe.

Jamais permita que uma realização passe despercebida. Quando objetivos menores forem alcançados, chame atenção para eles nas reuniões com seu pessoal ou escreva *e-mails* elogiando essas conquistas. Quando objetivos maiores são alcançados, exagere. Faça uma festa para a equipe, leve-os para jantar ou dê bônus para todos. Quando a equipe for bem-sucedida, celebre.

Elogie em particular

Estabeleça um exemplo ao encorajar os membros da equipe individualmente. Seja pródigo no uso de cartões comemorativos, *e-mails* ou telefonemas que digam: "Aprecio você". Esses elogios não só encorajam seus voluntários, mas também estabelecem o padrão para o encorajamento. Logo você notará que seu pessoal estará reproduzindo o mesmo com os membros de suas respectivas equipes e com você!

Elogie em público

Você ensina o encorajamento quando louva os colegas de equipe em frente dos outros. Permita que todos os membros saibam que seus iguais estão dando uma contribuição valiosa. Mostre-lhes que devem louvar o sucesso dos membros de sua equipe. Mencione as realizações nas reuniões com seu pessoal. Confirme e aprove um colega de equipe diante dos outros. Seja justo e imparcial, sem demonstração de favoritismos; e fique sempre alerta para a inveja que possa estar se insinuando em sua equipe. Apenas permita que cada membro da equipe também saiba que você aprecia a contribuição dos outros membros.

Preste atenção às necessidades e ao progresso da equipe

Seu elogio soará falso se não estiver fundamentado na realidade. Dizer: "Você está fazendo um grande trabalho", é algo sem sentido para um voluntário que sabe que seu trabalho enfrenta dificuldades. Mantenha-se conectado. Observe as conquistas e os fracassos dos membros de sua equipe e encoraje-os de acordo com a situação. Pergunte: "Como podemos aprender juntos com esse revés?", pode ser uma atitude de confirmação tanto quanto o elogio do sucesso.

Não se esqueça de observar o sucesso pessoal e as lutas de sua equipe. Lembre-se dos aniversários. Pergunte sobre a vida familiar. Mostre interesse na saúde pessoal. Quando os membros da equipe sabem que você está sintonizado em suas necessidades, passam a confiar em você como líder.

Trate o pessoal assalariado como se fossem voluntários

O pessoal assalariado é formado por voluntários, sabia? Cada um deles poderia estar ganhando muito mais se estivesse trabalhando em qualquer outro lugar. Trabalham para a igreja e para você porque acreditam no que fazem. Dê-lhes os mesmos reforços positivos que dá para os professores da Escola Dominical. Diga-lhes que o trabalho deles é muito relevante. Permita que saibam que você aprecia a presença deles na equipe e também sua contribuição para a missão da igreja. Eles trabalharão com mais afinco; e você aparentará ser mais inteligente.

Desenvolva um estilo de vida de confirmação e aprovação

Você é um encorajador? Algumas pessoas não o são. O perfil pessimista destas sobre a vida afeta os relacionamentos. Destroem o moral por sempre estarem apontando os problemas e jamais elogiarem.

Desenvolva um estilo pessoal que promova o sucesso dos outros. Olhe os membros da equipe nos olhos e ouça o que eles dizem. Pergunte como estão passando e o que precisam. Diga com frequência coisas do tipo: "Aprecio muito você"; "Obrigado"; e "Bom trabalho". Seu estilo pessoal estabelecerá o tom para sua equipe.

Dicas para estruturação da equipe

- Descubra e desenvolva o melhor talento em você.
- Distribua recompensas no fim dos projetos da equipe.
- Lidere pelo exemplo.
- Enfatize a importância dos hábitos de trabalho disciplinados.
- Conquiste a lealdade ao fazer com que os membros da equipe se sintam especiais.
- Mentoreie outros e multiplicará a eficácia da equipe.
- Selecione líderes sempre se fundamentando no compromisso deles com Jesus Cristo.
- Trate os desacordos na equipe com discrição.
- Treine os membros da equipe para descobrir seus dons espirituais e características únicas da personalidade.
- Enfatize os relacionamentos da equipe e enfatize novamente as regras.
- Modele a abertura e o cuidado.
- Recrute as pessoas para ministérios específicos.

6

Um modelo do ministério de equipes de ação

E, tendo eles orado, moveu-se o lugar em que estavam reunidos; e todos foram cheios do Espírito Santo e anunciavam com ousadia a palavra de Deus. E era um o coração e a alma da multidão dos que criam, e ninguém dizia que coisa alguma do que possuía era sua própria, mas todas as coisas lhes eram comuns. E os apóstolos davam, com grande poder, testemunho da ressurreição do Senhor Jesus, e em todos eles havia abundante graça. Não havia, pois, entre eles necessitado algum; porque todos os que possuíam herdades ou casas, vendendo-as, traziam o preço do que fora vendido e o depositavam aos pés dos apóstolos.

— ATOS DOS APÓSTOLOS 4.31-34

Dois homens estavam andando em uma bicicleta para dois. Tudo parecia bem até que chegaram a uma ladeira, e as dificuldades tiveram início. Quando chegaram ao topo, o homem no primeiro assento estava totalmente sem fôlego. Olhou para trás e disse: "Essa ladeira me exauriu!" O homem no segundo assento disse: "Verdade! Se eu não tivesse usado os breques durante todo o percurso, teríamos rolado ladeira abaixo!"

Essa história divertida nos dá um panorama do que acontece no ministério da igreja. Quando se trata de mudança, por exemplo, algumas pessoas sentem que estão fazendo a tarefa correta quando brecam em cada faceta do progresso ascendente proposto.

A maioria dos métodos de evangelismo que funcionou no passado não funciona mais hoje em dia.

— Alan Nelson

Minha igreja local em Columbus, em Ohio, fechou vários anos atrás. Apenas trinta anos antes desse acontecimento, a igreja prosperava e era uma das maiores na cidade. O erro? A igreja, com as mudanças na comunidade acontecendo a sua volta, pôs os pés no freio no que dizia respeito à mudança na igreja.

Visitei a igreja nove meses antes de fechar as portas. Meus pais permaneceram nessa igreja até o último culto. Enquanto estava ali, observei várias coisas. Por exemplo, continuaram com a mesma tradição não essencial sem dar a devida atenção para o que o restante da igreja no mundo estava fazendo. Tinham uma Escola Dominical, como acontece com muitas igrejas prósperas. Contudo, em vez de atualizar o programa para que se adequasse aos novos tempos, continuaram com a mesma rotina de abertura da Escola Dominical que usavam quando eu era adolescente, incluindo cantar *Parabéns pra você* e distribuir lápis. Não havia nada inerentemente errado com quaisquer dessas tradições — exceto que pareciam complemente fora de sintonia com as pessoas que comparavam essa igreja com a outra que ficava ali perto, pois esta ajustara seu ministério para suprir especificamente as necessidades contemporâneas.

Fico feliz por minha igreja local de Columbus jamais ter mudado sua crença na Palavra de Deus, nos sacramentos da Igreja ou nos aspectos essenciais da fé. Esses fundamentos devem ser nossa âncora nos períodos de mudança. Essa igreja, no entanto, também não mudou sua apresentação dos aspectos fundamentais. Acionar o freio para as mudanças resultou em seu declínio.

É nossa tarefa como líderes é adaptar-nos ao que funciona agora. Os métodos mudam, mas a mensagem continua a mesma.

— Stan Toler

Novos métodos para um novo dia

Robert Kriegel escreveu um livro intitulado *If It Ain't Broke, Break It!* [Se não quebrar, quebre]. O público-alvo era as empresas dos Estados Unidos. O livro tratou do conceito do trabalho mais fácil e inteligente e da ideia de liberar o pensamento criativo nos funcionários. Certamente a Igreja pode aprender algumas coisas sobre a relevância cultural com o mundo dos negócios. Há momentos em que precisamos quebrar nossa tradição não essencial.

Quando fui treinado para compartilhar minha fé com os outros, usávamos o estilo de evangelismo de confrontação. Hoje, as pessoas não respondem tão prontamente a esse estilo, preferindo o método do relacionamento. Ministrar no século XXI pede, para que ganhemos almas, a construção de pontes para estabelecer relacionamentos. Relacionamentos de confiança são a chave para alcançar as pessoas para Cristo e fazer com que criem laços com a Igreja do Senhor. Existem cinco características específicas que denotam se algo precisa ser "quebrado" em uma igreja:

1. A igreja está focada em si mesma, e não nas necessidades do mundo a sua volta.
2. O conflito com os membros da igreja em posições opostas é constante.
3. As pessoas não têm visão espiritual nem visão para o futuro da igreja.
4. O número de membros está estacionado ou diminuindo.
5. As instalações estão descuidadas. (Um problema fácil de resolver!)

A pesquisa feita por Win Arn, especialista em crescimento da igreja, mostra, conforme afirmado anteriormente, que quanto mais relacionamentos o indivíduo tem na igreja, mais provável é que ele permaneça na igreja. Inversamente, quanto menos relacionamentos o indivíduo tem na igreja, menos provável é que ele permaneça na igreja. O. J. Bryson denomina essa faceta de *A regra de sete.* Quando um membro da igreja tem sete amigos íntimos em uma igreja, é improvável que ele a abandone. Conforme Elmer Towns afirma: "O relacionamento é a cola que faz com que as pessoas adiram à igreja".

Outra pesquisa mostra que 86% daqueles que aceitam a Cristo e se juntam à igreja fazem isso por causa da influência de um amigo ou parente um relacionamento existente. Em essência, quanto mais relacionamentos os que não buscam têm, maior a chance de se tornarem receptivos ao evangelho. Portanto, se eu quiser que meu amigo sem igreja acredite em Cristo e comece a frequentar minha igreja, tenho que fazer com que meu amigo estabeleça um relacionamento de confiança com o maior número possível de meus amigos da igreja.

A visão

Quando eu [Stan Toler] aceitei o pastorear a Trinity Church of the Nazarene [Igreja Trindade do Nazareno], em Oklahoma City, herdei a igreja com uma excelente história de 63 anos, bons pastores e um registro de sucesso ministerial na comunidade.

Busquei a orientação do Senhor para edificar sobre esse fundamento. Comecei a ver, por intermédio da pesquisa e do conselho, a necessidade de treinar líderes que compartilhariam a visão que Deus me dera para essa igreja. No processo, descobri alguns princípios factíveis que nos capacitavam a continuar a estruturar o crescimento em uma congregação saudável.

Preparação é a chave para fazer a igreja crescer

As igrejas não crescem sem preparação para o crescimento. As igrejas não "pegam" o crescimento como pegamos um resfriado; elas precisam ter claro que querem avançar mais espiritual, financeira e numericamente que antes. A preparação é importante em qualquer campo de atuação. Malcolm Fleschner escreve o seguinte:

> A preparação faz parte do segredo do sucesso do aclamado craque do hóquei, Wayne Gretzky. Ele é sem a menor sombra de dúvida o melhor jogador de hóquei de todos os tempos. Em 23 de março, 1994, ele marcou o gol 802 em sua carreira, quebrando o único recorde importante que ainda não alcançara. Ao todo, Wayne Gretzky agora tem mais de sessenta partidas, campeonatos, pós-temporada e recordes de pontos em sua carreira esportista. Na década de 1980, ele ganhou o prêmio mais valioso da Liga Nacional de Hóquei dos Estados Unidos nove vezes nesses dez anos. Nenhum atleta em qualquer outro esporte na história chegou perto desse tipo de predominância nos livros que registram os recordes. Gordie Howe, quem detinha o antigo recorde de marcação de gols, precisou de 26 anos para marcar esse número de gols. Wayne Gretzky precisou de apenas quinze anos.
>
> Contudo, não seria capaz de imaginar isso se o visse. É mais baixo e menor que a média dos jogadores de hóquei — 1.79 m — e pesava 77 quilos, menos que a média também. Ele não patina de forma graciosa nem rápida, sua tacada não é potentíssima e, em testes de força administrado em cada membro da equipe, Wayne Gretzky sempre ficava em último. Portanto, o que faz com que esse grande jogador seja tão excepcional?
>
> Ele dá o crédito de seu sucesso às doze lições essenciais que seu pai lhe ensinou quando treinava com o taco de hóquei usando uma bola de tênis nos intervalos entre os campeonatos (as bolas de tênis são mais difíceis de controlar que os discos do hóquei e ensina você a como improvisar para dar suas tacadas) a fim de tentar fazer o que não era convencional.

"Na prática", diz ele, "tento fazer coisas diferentes e inesperadas como bater o disco na rede para passá-lo para um companheiro de equipe. Pratiquei tanto isso que agora consigo fazer em qualquer direção. E o mesmo acontece com as laterais do campo. As pessoas dizem que o hóquei é jogado com seis jogadores, mas, na verdade, se você usar o ângulo de desvio das laterais, isso passa a ser o sétimo jogador. Se contar a rede, temos oito jogadores. Desde o início da partida, sempre imagino que temos oito jogadores naqueles seis que entram em campo". Wayne Gretzky é o jogador mais bem preparado de sua equipe.[1]

Onze passos para o crescimento

Durante meu primeiro ano como pastor da Trinity Church of the Nazarene, demos alguns passos definidos e planejados de antemão para lançar uma nova visão. Os seguintes passos detalham o que nosso ministério da equipe de planejamento da visão fez para movimentar a igreja.

Passo 1: reuniões na congregação

Aos domingos à noite, por quatro semanas, fizemos "reuniões na congregação" em vez de nosso culto de domingo. Onze líderes de equipe foram treinados na avaliação de pequenos grupos e nos métodos de avaliação, além de terem de ler o livro de Rick Warren, *Uma igreja com propósitos*, e receberem cotas específicas para discussão em cada reunião. Os líderes de equipe também se reuniam às quartas-feiras à noite e discutiam o que estava acontecendo em seus pequenos grupos. Fundamentado na opinião e nas informações recolhidas na congregação, estávamos preparados para seguir adiante no ministério.

Passo 2: declaração da missão

O ministério da equipe de planejamento da visão aprimorou a declaração da missão da igreja. Houve a preocupação de incluir palavras que refletissem a Grande Comissão e o Maior Mandamento. Eis aqui o que elaboramos:

Nossa missão é fazer discípulos semelhantes a Cristo em nossa cidade e nação.

Passo 3: aprimoramento da visão

A seguir, a visão foi implementada para estender nosso ministério para o século XXI. Essa visão estava centrada em torno da ideia do *serviço* e focava os cinco "veleiros" essenciais para toda congregação local.

Vemos a nós mesmos como pessoas que –

Buscam a Deus

Estendem graça

Recebem direção

Olham para o futuro

Nutrem a vida

Envolvem-se com as pessoas

Doam generosamente

Focamos –

A adoração: devotando-nos a buscar a Deus

A amizade: estendendo a graça de Deus para os outros

O discipulado: crescendo juntos para nos assemelharmos a Cristo

A administração: compartilhando por intermédio da doação local e global

A parceria: usando nossas habilidades para servir os outros

Passo 4: esclarecimento de nossos valores

A seguir fizemos uma declaração de nossos valores para que eles nos sustentassem durante o período de mudança.

Nossos valores essenciais:

1. Valorizamos as almas dos perdidos (Lc 19.10)
2. Valorizamos a integridade pessoal (Pv 10.9)
3. Valorizamos a adoração coletiva na congregação (Hb 10.25)
4. Valorizamos a Palavra de Deus (Dt 6.6-9)
5. Valorizamos os dons do povo de Deus (Ef 4.11-13)
6. Valorizamos a comunhão saudável e autêntica (1 Jo 1.7)
7. Valorizamos a família de Deus (Sl 133.1)

Passo 5: implementação do ministério de equipes de ação

O sistema de comitê foi completamente revisto para a criação do ministério de equipes de ação. Como cada grande equipe tem uma descrição de tarefas muito clara para seus membros, assim, como parte de meu processo de organização, encontrei-me com cada comitê e diretor existentes e procurei compreender a função de cada equipe na igreja. A seguir, com a ajuda do pastor Jeffrey Johnson, tentei trazer para meu foco a definição dos papéis ou funções e da cooperação da equipe. As novas equipes criadas receberam poder para agir e gastar fundos do ministério de acordo com o orçamento existente. Tiveram liberdade para fazer o ministério fundamentado em nossa nova visão. (As descrições do ministério de equipes de ação são apresentadas mais adiante neste capítulo.)

Passo 6: foco na inclusão

Um centro de recepção foi planejado e estruturado para suprir as necessidades de nossos convidados. As informações foram planejadas para que compartilhassem nossa visão com nossos convidados especiais a cada domingo.

Passo 7: transmissão ampla

A aula de boas-vindas foi iniciada com o propósito de compartilhar nossa visão para alcançar nossa comunidade para Cristo. Determinamos que nossa comunidade precisava saber não só que a Trinity Church of the Nazarene estava ali, mas também *por que* estava na região.

Passo 8: inclusão intencional

Nosso ministério da equipe da amizade começou a preparar o *brunch*, um misto de café da manhã com almoço, servido após o culto de domingo a cada sessenta dias. Todos os convidados que compareceram nos dois meses anteriores eram convidados a almoçar com o pastor e os principais líderes leigos.

Passo 9: as melhorias no discipulado

O discipulado e os pequenos grupos passaram por mudanças inovadoras. A aula da geração de excelência foi acrescentada, como também algumas aulas eletivas especiais.

Passo 10: treinamento da liderança

As oportunidades de treinamento cultural e de liderança foram oferecidas. Elas foram apresentadas na forma do Instituto Leigo para Equipes (LUZ) e Treinamento Estratégico Avançado para a Liderança (SAL). Essas oportunidades de treinamento começaram a avançar para se tornarem uma organização de aprendizado.

Passo 11: aprimoramento da adoração

Os cultos tradicionais de adoração receberam uma remodelação. O culto de adoração passou a incluir uma mistura de hinos e coros de louvores.

Quatro perguntas cruciais

Durante esses importantes passos, apresentamos quatro perguntas cruciais para os líderes do ministério de equipes e as mantínhamos sempre diante deles.

1. Quem somos nós e quais são nossas crenças e valores?
2. Quais são nossas possibilidades demográficas para alcançar os outros para Cristo?
3. Se de fato acreditamos que estamos vivendo no fim dos tempos, estamos dispostos a trabalhar de acordo com esse dado?
4. Essa igreja pertence a Deus ou a alguma facção interna controladora?

O ministério da equipe do planejamento da visão

Por fim, começamos a redefinir o papel do conselho diretivo da igreja. Meu primeiro objetivo foi deixar de lidar com assuntos menores e inconsequentes para nos transformarmos no ministério da equipe do planejamento da visão. Essas declarações ajudaram-nos a fazer com que essa transição fosse eficaz.

Propósito do ministério da equipe da visão

O propósito do ministério da equipe da visão é dar direção para a vida e para o ministério dessa igreja a fim de que ela avance na direção do cumprimento da missão da Igreja, conforme afirmada por Cristo. A realização desse propósito envolverá —

O ministério. O desenvolvimento e a manutenção de um programa de igreja firme, bem equilibrado e inspirador que ministre para as necessidades de todas as faixas etárias a fim de que todas elas possam crescer e amadurecer no discipulado.

O alcance de outros para Cristo. O desenvolvimento e a manutenção de um programa definido que envolva nossos membros no programa de nossa igreja para alcançar outros para Cristo. Para isso, é preciso que forneçamos treinamento, assistência e direção conforme necessário para o máximo de eficácia.

Os recursos. A obtenção e a manutenção dos recursos funcionais por natureza, com o tamanho adequado e com equipamentos suficientes.

As finanças. O desenvolvimento e a manutenção de um programa de apoio financeiro que seja forte o suficiente para financiar os programas e os recursos.

Organização do ministério da equipe da visão

Para garantir que seja dada atenção positiva a cada uma dessas áreas, essa equipe deve ser organizada da seguinte forma: um total de dezesseis membros (o conselho diretivo da igreja) e três membros *exofficio*, ou seja, cuja autoridade é conferida por sua posição.

Esses membros *exofficio* são o líder da equipe de missões, o líder da equipe de jovens e o líder da Escola Dominical e dos ministérios de discipulado.

A equipe elegerá diretores dentre as pessoas da própria equipe com voto secreto. Os diretores eleitos servem como secretário e tesoureiro.

O conselho diretivo de membros será designado para servir em um dos sete ministérios de equipes. Os cinco ministérios de equipes de ação são os seguintes:

- Administração
- Adoração
- Amizade
- Parceria
- Discipulado

Os três departamentos auxiliares serão estruturados de acordo com as exigências denominacionais.

Os membros da equipe ficam limitados a um máximo de três períodos consecutivos de serviço, em que cada período corresponde a um ano, e depois disso é preciso haver alternância nos membros do ministério da equipe do planejamento da visão. Espera-se que os indivíduos que deixam a equipe se envolvam com o trabalho dos subcomitês. A gestão de três anos inclui os membros *exofficio.*

Responsabilidades do ministério da equipe de planejamento da visão

O ministério da equipe de planejamento da visão se reunirá mensalmente para ouvir os relatos, fazer a revisão das minutas, conduzir as auditorias anuais, estudar as estatísticas, rever os planos e tomar as atitudes apropriadas para a operação geral da igreja. Espera-se o comparecimento de todos os membros nessa reunião mensal.

Renunciando como presidente do conselho diretivo

A designação que menos gostava como pastor era servir como presidente do conselho diretivo da igreja. Jamais gostei de presidir reuniões. Francamente, falo muito para ser presidente. Além disso, tenho a tendência de ser muito sensível quando os membros do conselho são críticos a respeito de algum tópico.

Resolvi, por fim, a questão ao "renunciar" como presidente de um conselho e designando uma pessoa leiga para ocupar esse cargo. Embora tecnicamente continuasse como presidente, permitia que aquela pessoa que designei atuasse em meu lugar. Percebi que as pessoas não estavam me criticando nas reuniões de conselho — estavam meramente tentando lidar com áreas do ministério da igreja que precisavam de ajuda. Eram pessoas que se preocupavam tanto a ponto de apontar os problemas existentes. Então decidi que uma pessoa leiga presidindo as reuniões poderia aguentar melhor essas discussões acaloradas que eu. Para minha surpresa, descobri que muitos dos membros do conselho eram mais gentis e mais amáveis com seus iguais.

Ao compreender que não tinha de presidir todas as reuniões nem mesmo estar presente em todas elas (mas comparecia à maioria das reuniões), tive uma enorme sensação de liberdade para fazer o ministério. Mais que em qualquer tempo antes, fui capaz de atuar conforme meus melhores dons.

Apresso-me em dizer que ainda desempenhava um papel vital nas reuniões do conselho da igreja, que agora é denominado de ministério da equipe de planejamento da visão. Meu papel era lançar a visão. Portanto, tentava não ficar enredado nos assuntos mundanos, percebendo que meu papel era liderar a equipe para uma nova esfera de ministério.

As estruturas governamentais das igrejas locais em algumas denominações podem proibir os pastores de permitir que pessoas leigas presidam as reuniões do conselho da igreja. Os pastores são muito bem aconselhados a buscar a opinião de seus supervisores antes de efetuar alguma mudança na estrutura do conselho da igreja.

O líder do ministério da equipe de planejamento da visão

Agora que já mencionei a função do presidente do conselho, gostaria de descrever o papel do líder do ministério da equipe de planejamento da visão. A descrição de tarefa apresentada a seguir foi escrita por este importante líder de equipe da Trinity Church of the Nazarene. O líder do ministério da equipe de planejamento da visão terá de desempenhar as seguintes funções.

Servir por um tempo determinado. Liderar o ministério da equipe de planejamento da visão por um ano.

Auxiliar o pastor. Servir como assistente para o pastor no ministério da equipe executiva.

Estabelecer a agenda. Preparar o cronograma para a reunião do ministério da equipe de planejamento da visão como resultado da reunião do ministério executivo, com a aprovação do pastor sênior e com consultas para o acréscimo de itens de ação.

Assumir o cuidado do pessoal assalariado. Auxiliar o pastor sênior no cuidado com os assalariados e suas famílias.

Desenvolver liderança. Gastar tempo de qualidade no encorajamento dos líderes de equipe e de seus vários comitês.

Assumir responsabilidades legais. Assinar documentos, cheques e outros documentos da igreja conforme apropriado.

Seguir a programação da reunião. Marcar as reuniões do ministério da equipe de planejamento da visão com a aprovação do pastor sênior e/ou do superintendente distrital na ausência do pastor sênior. Não deverá haver nenhuma reunião da equipe de planejamento da visão sem essa aprovação.

Conduzir as reuniões. Presidir qualquer reunião especial pedida pelos funcionários da administração e, sempre que possível, em um período em que o pastor sênior possa comparecer. O pastor sênior é o presidente *exofficio* de todos os conselhos e comitês da igreja local.

Assumir a liderança geral. Auxiliar o pastor com os assuntos e as atividades da igreja com amor e lealdade para todos.

Descrições do ministério de equipes de ação

Depois de estabelecer um líder para a equipe do conselho da igreja, a questão seguinte mais importante era o emprego do ministério das equipes de ação e dos líderes. Criou-se uma equipe para cada um dos cinco "veleiros" mencionado anteriormente.

Líderes

Depois de muitas reuniões nos comitês de estudo da Trinity Church of the Nazarene, fomos capazes de desenvolver a seguinte descrição de tarefa para os líderes de nossas equipes.

Designação do líder e tempo de serviço. Os líderes do ministério de equipes de ação serão designados pelo pastor. Essas designações serão para um ano de serviço. Os líderes do ministério de equipes de ação podem ser designados para mais de um ano, mas não podem liderar a mesma equipe por mais de dois anos consecutivos. Isso não inclui a administração do ministério de equipes de ação.

Relatórios. Cada líder de equipe fará um relatório mensal para a equipe do ministério executivo e para a equipe de planejamento da visão.

Aprovação de gastos. Cada líder de equipe é responsável por submeter à equipe do ministério executivo quaisquer gastos que necessitem de aprovação adicional.

Criação da agenda. As informações mensais do comitê submetidas pelos líderes da equipe determinam a agenda completa da reunião seguinte da equipe de planejamento da visão do ministério.

Reuniões da equipe. Os líderes da equipe devem se encontrar mensalmente com seus colegas de equipe. Jamais devem ter reuniões sem sentido — e as reuniões devem ser canceladas caso não haja razão para elas.

Equipes

Todo líder precisa de uma equipe. O que vem a seguir serve para esclarecer as expectativas estabelecidas para o ministério de equipes de ação.

Membros. Cada equipe terá um líder e, pelo menos, dois membros.

Reuniões. Espera-se que cada equipe se reúna uma vez por mês. O líder é responsável por transmitir o horário, a data e o local de cada reunião.

Finanças. Cada equipe terá diretrizes financeiras, recomendadas pela equipe administrativa do ministério e deve ser ratificada pela equipe de planejamento da visão do ministério, que permite que cada equipe tome decisões financeiras independentes da aprovação do ministério da equipe de planejamento da visão. Cada equipe terá um teto financeiro, e isso exige que alguns gastos sejam aprovados pelo ministério da equipe executiva.

Estrutura. Os comitês auxiliares — jovens, missões e Escola Dominical — têm de ser estruturados conforme as exigências do manual. Cada um desses presidentes e dos superintendentes auxiliares será designado a um líder do ministério de equipes de ação para que este o auxilie no ministério sempre que necessário.

Envolvimento. O objetivo é o envolvimento. Meça o sucesso dos eventos pelo número de pessoas envolvidas no processo. Cada equipe é responsável por envolver membros não pertencentes ao conselho e pessoas que frequentam a igreja nas equipes do ministério.

Modelo do ministério das equipes de ação

Uma vez que venho discutindo o ministério em termos gerais, o seguinte exemplo de parceria pode fornecer uma percepção adicional e oferecer diretrizes para as equipes que você escolher desenvolver.

Propósito da equipe

O propósito do ministério da equipe de parceria é direcionar a manutenção, o aprimoramento e o desenvolvimento de todas as propriedades e equipamentos da igreja a fim de assegurar recursos adequados e funcionais para suprir as necessidades do programa total e do crescimento da igreja local sob a parceria do ministério de equipes de ação.

Questão orientadora

Como podemos equipar e manter nossos recursos totais a fim de prover o melhor ambiente possível para nossos ministérios locais?

Responsabilidades da equipe

1. Prover para a manutenção e aprimoramento de todos os prédios da igreja, mantendo-os atraentes e funcionais o tempo todo.
2. Prover para a manutenção e aprimoramento de todo o terreno, da grama e plantas, supervisionar o aprimoramento do jardim e garantir a remoção de neve e gelo sempre que necessário.
3. Prover para o cuidado e manutenção de todo equipamento e veículos pertencentes à igreja e manter um inventário atual deles.
4. Recomendar, para a aprovação do ministério da equipe de planejamento da visão, as políticas para o uso de todos os recursos e equipamentos e prover revisão periódica da política existente a fim de assegurar as atualizações ou mudanças apropriadas.
5. Supervisionar o trabalho de todo pessoal da manutenção.
6. Prover e manter a segurança do prédio da igreja.
7. Antecipar a necessidade de equipamento adicional e recomendar, submetendo essa recomendação à aprovação na reunião mensal do ministério da equipe de planejamento da visão, a aquisição de equipamentos adicionais quando preciso.
8. Prover para o pagamento do seguro adequado para a igreja.
9. Preparar um orçamento de pedidos e apresentá-lo ao ministério da equipe executiva na preparação do orçamento anual da igreja.

Modelo de Líder de Equipe do Ministério

Toda equipe precisa de um líder, e definir as responsabilidades desse líder é fundamental para o sucesso da equipe. Aqui está a descrição de um modelo de ministério para o líder da parceria do ministério de equipes de ação.

Propósito

Supervisionar o envolvimento de muitas pessoas na manutenção, o aprimoramento e o desenvolvimento de todas as propriedades e equipamentos da igreja a fim de assegurar recursos adequados e funcionais para suprir as necessidades do programa total e do crescimento da igreja local sob a parceria do ministério de equipes de ação.

Função

Encorajar, recrutar e indicar o pessoal necessário para proporcionar o melhor ambiente possível para os ministérios da igreja.

Responsabilidades

1. Realizar reuniões mensais com o ministério de equipes de patrimônio e informar à equipe de visão do ministério.
2. Indicar líderes para as seguintes áreas ministeriais:
   - Manutenção
   - Segurança
   - Equipamentos
   - Veículos
   - Seguro dos recursos/apólices/supervisão de custódia
   - Melhoria das propriedades
   - Equipamento de escritório
3. Supervisionar o planejamento financeiro e administração nas áreas de ministério englobadas por essa equipe.
4. Coordenar o planejamento das áreas de ministério englobadas por essa equipe, em cooperação com a equipe pastoral.
5. Reunir-se mensalmente com a equipe executiva de ministério.

O papel da equipe pastoral

Então, como o pessoal assalariado se ajusta em tudo isso? A resposta é simples: eles fazem parte da equipe do ministério da igreja e precisam aprender a trabalhar com os líderes do ministério de equipes de ação. Não existe espaço para o tipo de atuação "cavaleiro solitário".

Cada integrante do pessoal assalariado deve acompanhar um líder de equipe, devendo prover os recursos para os ministros leigos com quem trabalham e encorajá-los. A seguinte descrição de tarefa para a equipe pastoral proveu orientação para a equipe assalariada na Trinity Church of the Nazarene.

As expectativas da equipe pastoral

O pastor sênior e seu pessoal assalariado se reúnem semanalmente para tratar de assuntos espirituais e administrativos da igreja.

O pessoal assalariado trabalha com os líderes do ministério de equipes de ação para facilitar o ministério individual desses líderes.

O ministério da equipe executiva e o ministério das equipes de ação têm de trabalhar junto com o pessoal assalariado a fim de também facilitar os ministérios do pessoal assalariado.

O pessoal assalariado fará o pedido financeiro que necessita de aprovação adicional para o líder de seu ministério de equipes de ação.

O líder da equipe é responsável por levar essa questão para a equipe apropriada ou para a equipe do ministério executivo, se necessário.

O pastor tem total responsabilidade pelo pessoal assalariado e seus ministérios individuais. O envolvimento dos líderes do ministério de equipes de ação não reduz a responsabilidade do pastor em relação ao pessoal assalariado.

O modelo de equipe

É crucial que os membros do pessoal assalariado modelem o trabalho em equipe e a prestação de contas para os ministérios das equipes leigas. O planejamento da descrição de ministério acima reflete nosso desejo de trabalhar junto com os líderes das equipes na Trinity Church of the Nazarene. Nossos "veleiros" — adoração, amizade, discipulado, administração e parceria — navegam suavemente quando os companheiros de ministério têm papéis e descrições de tarefas claramente definidos. Os líderes fortalecidos pela compreensão clara de suas tarefas no ministério auxiliam grandemente a edificação do Reino!

Precisamos dar as boas-vindas ao futuro, lembrando-nos de que ele logo será passado; e temos de respeitar o passado, lembrando-nos de que, em algum momento, isso era tudo que era humanamente possível.

— *George Santayana*

Uma palavra final: permaneçam juntos

Talvez já tenha ouvido falar do destacamento de escoteiros que se reuniu para fazer a trilha anual na floresta. Saíram quando o sol nasceu e iniciaram a caminhada de 24 quilômetros através de um dos cenários mais belos dos Estados Unidos. Na metade da manhã, depararam-se com uma seção de estrada de ferro abandonada. Cada um deles tentou caminhar sobre o trilho estreito, mas, depois de alguns passos incertos, cada um deles perdeu o equilíbrio e caiu.

Dois dos garotos, após observarem os escoteiros caírem um após o outro, fizeram uma aposta com o restante do destacamento. Apostaram que eles dois conseguiriam caminhar por toda a extensão do trilho sem cair nenhuma vez sequer.

Os outros garotos riram e disseram: "Sem chance!" Desafiados a provar aquilo de que se vangloriavam, os dois garotos pularam em trilhos opostos, estenderam os braços e deram as mãos a fim de um ajudar o outro a manter o equilíbrio. O resultado: conseguiram caminhar toda a extensão daquele trilho sem dificuldades.

A moral da história é que tarefas aparentemente impossíveis são mais fáceis quando estamos dispostos a trabalhar juntos. A fim de evitar os tropeços, precisamos estender os braços e dar as mãos para nossos colegas de equipe e jamais largar as mãos uns dos outros.

Percebo que alguns de vocês estarão implementando essas mudanças no contexto de uma igreja pequena ou de tamanho médio, e a tarefa pode parecer impossível. Contudo, não se desespere. Já estive ali e aprendi que o melhor método é começar de forma gradual as mudanças que consegue realizar. As outras mudanças virão com o tempo. Mesmo que, de início, você só consiga estabelecer apenas três ministérios de equipes de ação, agarre as mãos das pessoas leigas com dons e talentos e comece a andar sobre os trilhos de sua estrada de ferro.

Dicas para estruturação da equipe

- Peça opinião e informações para direcioná-las a toda a equipe.
- Leve toda a equipe para um seminário sobre liderança.
- Estruture um ambiente propício à comunicação aberta e franca.
- Lembre-se que os membros da equipe falharão.
- Ensine Efésios 4.11,12 para a equipe.
- Renuncie ao posto de gerente geral do universo e permita que Deus guie sua equipe.

Notas

Capítulo 1

[1] Merrill, Ronald E. e Sedgwick, Henry D. Revista *INC,* agosto de 1994.
[2] Reeves, R. Daniel. *Ministry Advantage* 8, n. 1.
[3] *The MacIntosh Growth Network Newsletter*. Dezembro de 1998.

Capítulo 3

[1] *Pastor's Family.* Fevereiro-março de 1997.
[2] Pearce, J. Winston. *Planning Your Preaching.* Nashville: Broadman Press, 1987.
[3] Drucker, Peter. *The Effective Executive.* New York: Harper &Row, 1966, p. 75.
[4] Miller, James B. *The Corporate Coach.* New York Collins Publishing, 1993, p. 126-27.

Capítulo 4

[1] Wilson, Marlene. "Turning Pewsitters into Players", *Leadership Journal.* Outono de 1996.
[2] Maddux, Robert B. *Team Building: An exercise in Leadership.*
[3] Russell, Chris. "Effective Delegation", *Today's Christian Preacher.* Verão de 1997.
[4] Maxwell, John C. *Developing the Leaders Around You.* Nashville: Thomas Nelson Publishers, 1995, p. 9
[5] Mandino, Og. *Og Mandino's University Success.* New York: Bantam Books, 1982.

Capítulo 5

[1] Parker, Glenn M. *Team Players and Team work.* San Francisco: Jossey-Bass Publishers, 1996, p. 81
[2] *Bottom Line,* vol. 1, n. 3.

[3] MADDUX, Robert B. *Team Building: An exercise in Leadership.*

[4] Adaptado de RADLAFF, Tim. *Copy Fast Print Shop Newsletter,* 1999.

[5] HANDY, Charles. *The Hungry Spirit: Beyond Capitalism, A Quest for Purpose in the Modern World.* New York: Broadway Books, 1999.

[6] KOCH, Ruth N. e HAUGK, Kenneth C. *Speaking the Truth in Love.* St. Louis: Stephen Ministries, 1992.

Capítulo 6

[1] FLESCHNER, Malcolm. "Take Your Best Shot", *Personal Selling* Power. Julho-Agosto, 1994, p. 72.